Das ultimative
MÄNNER
GRILLBUCH

ANDREA
VERLAG

Abkürzungen

cm = Zentimeter

El = Esslöffel

g = Gramm

kg = Kilogramm

l = Liter

ml = Milliliter

Msp. = Messerspitze

TK = Tiefkühlprodukt

Tl = Teelöffel

Hinweise

Die Gar- und Temperaturtabellen geben einen Überblick über die ungefähren Grillzeiten und Temperaturen von Fleisch, Fisch und Meeresfrüchten. Da die exakten Garzeiten beim Grillen von diversen Faktoren wie Außentemperatur, Wind, Art des Grills, Hitze, Dicke des Grillgutes und Abstand zwischen Grillrost und Glut abhängen, können die Angaben jedoch nur als grobe Richtlinie gelten.

Die Backofentemperaturen in diesem Buch beziehen sich auf einen Elektroherd mit Ober- und Unterhitze. Falls Sie mit Umluft arbeiten, reduzieren Sie die Temperatur um 20 °C. Wenn nicht anders angegeben, die mittlere Einschubleiste verwenden.

Symbole

Personenanzahl
4

Zubereitungszeit
40 MIN.

Menge
350 ml

Grillzeit
MITTEL

Schwierigkeitsgrad
8 MIN.

Grillart
DIREKT

Deckel
GESCHLOSSENER DECKEL

Genehmigte Ausgabe für die Andrea Verlags GmbH
www.andrea-verlag.de
ISBN 978-3-86405-189-0

Das ultimative
MÄNNER GRILLBUCH

INHALT

Grundlagen   **6**

Rezepte

GRUND-
LAGEN

GRUNDLAGEN

Grillen ist mehr als schlichte Nahrungszu-bereitung. Grillen ist ein Lebensgefühl. Und benötigt der eine zum Brutzelvergnügen am See nur einen kleinen, handlichen Grill, ver-langt der Stolz eines anderen Grillmeisters eine opulente Ausstattung vom Feinsten. Ob Holzkohle, Gas oder gar Holzpellet – mit welchen Hitzequellen und mit welchem Ge-rät das Grillen am meisten Spaß macht und womit die besten Ergebnisse erzielt werden, da scheiden sich die Geister.

Verschiedene Grilltypen

DER TRADITIONELLE HOLZKOHLEGRILL

Viele Grillfreunde schwören auf Holzkohle, da diese dem Grillgut einen einzigartig rauchigen Geschmack verleiht. Holzkoh-legrills sind flexibel einsetzbar und leicht zu beschaffen. Nach wie vor am häufigsten anzutreffen ist der offene Grill, den es in zahlreichen Edel-stahlvarianten und sogar als Einweggerät gibt – auf Letzteres sollte der Umwelt zuliebe allerdings besser verzichtet werden.

Der offene Holzkohlegrill Die allermeisten Holzkohlevarianten sind mit einem höhenverstellbaren Rost und einem Windschutz ausgestattet. Der offene Grill ohne Deckel eignet sich ausschließlich fürs direkte Grillen. Größeres Grillgut wie zum Beispiel ein ganzes Hühnchen kann darauf nicht zufriedenstellend gegart werden. Dagegen sind kleinere Stücke wie Steaks, Schnitzel und Würste perfekt geeignet. Sie garen am besten bei direkter Hitze über der heißen Glut. Die Form des Grills – rund mit Säulen, eckig auf Beinen oder in Form eines Schwenkgrills (bei Letzterem bleibt der Rost in Bewegung und das Grillgut gart gleichmä-ßiger) – das ist letztendlich eine Platz- und Geschmacksfrage.

Der Kugelgrill ist eine Innovation aus den USA. George Stephen, der Erfinder des Grills mit Deckel, hatte nach einer Möglichkeit gesucht, auch große Braten und Fleischstücke schonend und indirekt zu garen. Er setzte einfach zwei alte Bojenhälften zusammen. Und so sieht der Kugelgrill eigentlich immer noch aus, wenn auch veredelt.

Im unteren Teil liegt der Kohlenrost, das Brennmaterial liegt also nicht direkt auf dem Boden. Die Kohlen bekommen durch das Belüftungssystem zusätzlich Sauerstoff und erzeugen so eine beständige Hitze über einen längeren Zeitraum. Darüber befindet sich ein nicht höhenverstellbarer Edelstahlrost. Die obere, abnehmbare

Kugelhälfte hat einen Griff, Lüftungslöcher und bei manchen Modellen noch ein Thermometer. Dieser Deckelgrill nutzt den sogenannten Backofeneffekt. Werden die Kohlen an die Seite geschoben, können in der Mitte größere Stücke indirekt gegrillt werden, die Hitze wird von allen Seiten abgegeben. Das Grillgut muss dabei nicht gewendet werden.

Der Keramikgrill ist in der westlichen Welt noch recht unbekannt – in Asien gehört er zu den ältesten Öfen der Nahrungszubereitung. Mit ihm erreicht man mit sehr viel weniger Kohlen lange, konstante Temperaturen. Er eignet sich durch Keramikplatten über der Glut auch für indirektes Grillen.

KOHLE ODER BRIKETT?
Holzkohle eignet sich vor allem für kurz Gegrilltes. Sie wird sehr heiß (bis zu 700 °C) und brennt schnell an (meist nach 25–30 Minuten). Beim Holzkohlekauf sollten Sie auf die Qualität achten. Auf der Verpackung sollte das DIN-Zeichen EN 1860–2 ersichtlich sein. Sorten mit dieser Aufschrift wurden nicht mit künstlichem Klebstoff hergestellt und sind frei von irgendwelchen Schadstoffen.

In preiswerten Kohlesäcken sind die Stücke häufig unregelmäßig groß, was eine ungleiche Hitzeverteilung und unregelmäßig gegrilltes Fleisch zur Folge hat.

Briketts brauchen zwar länger als Holzkohle, bis sie anbrennen, dafür glühen sie in der Regel auch länger (50–60 Minuten). Das macht sie ideal für Grillgut mit längerer Garzeit. Mit einem Anzündkamin sind die Briketts schon nach etwa 20–30 Minuten einsatzbereit. Glühen sie erst einmal gleichmäßig, können Grillfreunde bis zu drei Stunden lang nachlegen. Bei Briketts entfallen außerdem die Größenunterschiede, wie sie bei Holzkohle vorkommen können. Bei der Brikettherstellung werden Kohlestaub und kleine Kohlestücke unter hohem Druck mit organischer Stärke als Klebstoff zu Briketts gepresst.

Wichtig Bei Holzkohlegrills das Grillgut erst dann auflegen, wenn die Kohle richtig durchgeglüht ist und weder Flammen noch Rauch sichtbar sind.

RICHTIG ANZÜNDEN
Holzkohle wird am einfachsten mit festen oder flüssigen Grillanzündern entfacht. Flüssige Anzünder müssen vor dem Anzünden einige Minuten in die Kohlen einziehen, erst dann wirken sie richtig. Bevor man Würstchen und Co. auf den Rost legt, müssen die Anzünder vollständig abgebrannt sein, sonst geben sie ihren intensiven Geruch an das Grillgut ab. Profis verwenden ausschließlich biologische Anzünder aus Holzwolle. Empfehlenswert ist auch ein Anzündkamin (siehe Bild Seite 8). Holzkohle oder Briketts werden hineingeschichtet und von unten mit einem Grillanzünder angezündet. Nach rund 30 Minuten glühen die Kohlen oder Briketts vollständig durch und können auf den Grill geschüttet werden. Tragen Sie dabei unbedingt hitzebeständige Grillhandschuhe!

Wichtig Von Zeitungspapier oder Eierkartons als Anzündhilfe wird abgeraten. Nicht selten wirbeln glühende Reste davon durch die Luft!

DER PRAGMATISCHE GASGRILL

Der Gasgrill, den es in unzähligen Varianten und Formen gibt, ist die eher pragmatischere Lösung, wenn es ums Brutzeln von Fleisch, Fisch und Co. geht. Mit dem Gasgrill lässt es sich sehr viel einfacher grillen, weil er nicht lange angeheizt werden muss, dafür liefert er nicht das Aroma von Holzkohle. Zwei Systeme sind im Handel erhältlich.

Der Gas-Lavastein-Grill: Hier dienen La-vasteine über den Brennern als Hitzepuffer und Wärmespeicher. Die Steine sind porös und nehmen das abtropfende Fett auf; das kann auf Dauer beim Anheizen des Grills zu Qualm- und Geruchsentwicklung führen. Besser sind Geräte mit Brennern, die hitze-abweisende Bleche besitzen. Abtropfende Fett- und Marinadenreste landen dort in einer leicht zu reinigenden Schale.

Ein guter Gasgrill sollte zwei bis fünf Brenner besitzen, sodass unterschiedliche Hitzezonen entstehen und das Grillgut auch indirekt gegrillt werden kann. Ein geschlos-sener Wagen für die Gasflasche ist eben-falls empfehlenswert. Verbrannt wird bei Gasgrills Propan oder Butan, die Flaschen werden im Fachhandel angeboten.

DER BEQUEME ELEKTROGRILL

Sofern eine Steckdose in der Nähe ist, ist der Elektrogrill immer bereit, seinen Dienst zu tun. Das praktische Gerät ist schnell auf-gebaut und heizt das Essen über Heizstäbe an. Da Elektrogrills weder Grillanzünder noch Kohle benötigen und kein Fett auf die Heizelemente tropfen kann, entwickeln sich keinerlei schädliche Dämpfe – perfekt für gesundheitsbewusste Grillfreunde. Aller-dings: Die zusätzlichen Aromen, die ein Gril-len mit Holzkohle liefert, entfallen ebenso wie auch die Möglichkeiten, die indirektes Grillen bietet. Auch dies ist mit einem Elektrogrill nicht möglich. Ein Elektrogrill ist aber eine Alternative, wenn das Grillen mit Holzkohle auf dem Balkon nicht erlaubt ist.

Grilltechniken

DIREKTES UND INDIREKTES GRILLEN

Die wohl bekanntesten Grillarten sind hier-zulande das direkte und indirekte Grillen.

Beim direkten Grillen liegt das Grillgut direkt über der Hitzequelle. Es eignet sich für alles, was eine schöne Kruste bekom-men soll. Aber auch für kleine, zarte Stücke, die schnell garen. Das machen wir sowohl mit offenem als auch geschlossenem De-ckel. Klassisches Grillgut für direktes Grillen sind Spieße, Würstchen, viele Gemüesesor-ten und nicht zu dick geschnittene Steaks und Kotellets. Beim direkten Grillen ist die Temperatur, die auf das Grillgut einwirkt,

Hier werden Würste auf einem Gas-Lavastein-Grill di-rekt gegrillt, die Hitze kommt ausschließlich von unten.

Die Spieße werden auf einem Holzkohlegrill direkt gegrillt, die Hitze kommt ausschließlich von unten.

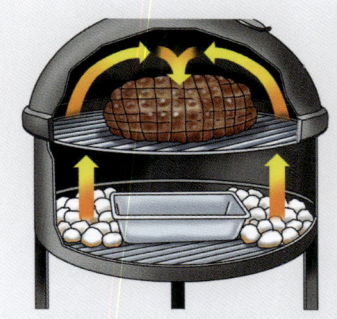

Der Braten wird auf einem Holzkohlegrill indirekt mit geschlossenem Deckel gegrillt. Die Kohlen liegen links und rechts, mittig unter dem Braten entsteht keine direkte Hitze.

sehr hoch, rund 250 °C. Das Grillgut wird scharf angebraten, es bildet sich eine Kruste und es entstehen die typischen Röstaromen.

Indirektes Grillen ist für große Stücke geeignet, die lange zum Garen brauchen. Das Grillgut liegt nicht direkt über der Hitzequelle. Beim Holzkohlegrill liegen Kohle oder Briketts auf einer Seite oder

Das Hähnchen wird bei geschlossenem Deckel auf einem Gas-Lavastein-Grill indirekt gegrillt. Es ist so platziert, dass von unten keine direkte Hitzeeinwirkung erfolgt.

auf beiden Seiten des Rosts (Zwei- bzw. Drei-Zonen-Glut), beim Gasgrill werden nicht alle Hitzequellen gezündet. Unter dem Grillgut findet sich meist eine Auffangschale.

Für das Langzeitgrillen nutzt man gerne den sogenannten Minion-Ring. Ein ¾-Ring aus etwa 6 kg unangezündeten Briketts wird außen am Grillrand in Zweierreihen gelegt. Dieser Ring wird mithilfe des Dominoeffekts gezündet: 10 durchgeglühte Briketts werden an den Anfang des Rings gelegt und zünden so nach und nach die restlichen Briketts. So können über einen langen Zeitraum konstante Temperaturen gehalten werden.

Das indirekte Grillen erfolgt immer mit geschlossenem Deckel, sodass sich eine konstant gleichmäßige Temperatur im Grillinnenraum entfalten kann.

Ob Gas- oder Holzkohlegrill Der Grill wird beim indirekten Grillen so vorbereitet, dass das Grillgut über dem nicht beheizten

Diese Abbildung zeigt einen Smoker mit separater Feuerkammer.

besonders bei größeren Fleischstücken ideal. Das Fleisch gart schonender und bleibt saftig. Beliebt ist häufig auch eine Kombination. Erst wird Gargut direkt angegrillt, um für die typischen Röstaromen zu sorgen, dann wird es bei indirekter Hitze schonend gar gegrillt.

SMOKEN UND RÄUCHERN

Sowohl das Smoken als auch das Räuchern baut auf dem indirekten Grillen auf. Das bedeutet, dass Kohle oder Brennholz nicht direkt unter dem Grillgut, sondern rundherum oder daneben geschichtet werden.

Teil des Grills liegt. Die Gartemperatur ist damit deutlich niedriger als beim direkten Grillen. Sie liegt ungefähr bei 180 °C.

Die Hitzeeinwirkung kommt beim indirekten Grillen von oben und von der Seite. Diese Art des Grillens ist ideal für Grillgut mit längerer Garzeit. So werden größere Fleischstücke wie ganze Hähnchen, Bratenstücke oder Rippen auf diese Weise sanft gegart.

Die Vor- und Nachteile beider Grillmethoden Direktes Grillen geht schnell, eignet sich aber nicht für Grillgut mit längerer Garzeit. Würde man diese direkt grillen, dann wären sie außen irgendwann verbrannt, wenn sie innen durch sind. Das indirekte Grillen dauert länger – aber ist

Zum Smoken (auch Barbecuing genannt) benötigt man einen Smoker, ein Grillgerät mit einer separaten Feuerkammer. Die Gartemperatur beim Smoken liegt zwischen 90 und 120 °C, das Grillgut bleibt extrem zart und saftig – braucht aber je nach Größe sehr lange, um gar zu werden. Je nach Holz und beigefügten Zusatzaromen bekommt das Gargut noch eine besondere geschmackliche Note. Diese besonders schonende Form des Garens wird hierzulande immer beliebter, sie eignet sich besonders für größere, edle Fleischstücke wie zum Beispiel ganze Filets.

Beim Räuchern unterscheidet man zwischen Kalt-, Warm- und Heißräuchern. Beim Kalträuchern bewegt man sich in Temperaturbereichen von 15 bis 25 °C. Es geht dabei in erster Linie um eine schonende Form der Haltbarmachung von Lebensmitteln, die in diesem Fall besonders aromatisch ausfällt. Im Hausgebrauch spielt das Kalträuchern, das sich über Wochen hinziehen kann, kaum eine Rolle. Als Beispiel für ein durch Kalträuchern haltbar gemachtes Lebensmittel sei Schwarzwälder Schinken genannt. Auch das Warmräuchern, das mit Temperaturen bis 60 °C arbeitet, spielt im Hausgebrauch kaum eine Rolle. Anders dagegen das Heißräuchern. Es eignet sich zum schonenden Garen von Fisch, verschiedenen Würsten und zarten Fleischstücken. Die Temperaturen liegen zwischen 60 und 100 °C. Spezielle Räucherkohle, -mehle oder andere Materialien sorgen für eine Extraportion Aroma.

Tipp Jeder, der einen Grill besitzt, der sich zum indirekten Grillen eignet, kann auch Heißräuchern. Probieren Sie einmal Ihre ersten selbst geräucherten Forellen. Frisch geräuchert und noch lauwarm sind sie mit Meerrettichsahne eine wahre Delikatesse. Beigefügte Aromaten wie zum Beispiel Gewürze und Kräuter steigern zusätzlich das Geschmacksvergnügen.

Grundlagen des Grillens

Das Besondere am Grillen ist der Geschmack, für den die beim Grillen typischen Röststoffe verantwortlich sind. Doch auch das Brennmaterial trägt entscheidend zur Aromabildung bei. Profis schwören deshalb auf Holzkohle, weil nur bei dieser Grillart der typische Grillgeschmack erzielt wird.

Wer den Genuss des Grillens noch steigern will, sollte noch einige grundlegende Dinge beachten:

- Fleisch bleibt besonders saftig, wenn es eine leichte Fettmaserung hat.
- Bei Geflügel sorgt die Haut dafür, dass das Fleisch nicht zu sehr austrocknet.
- Auch beim Fisch liefern fettreiche Arten wie Lachs oder Heilbutt ein saftigeres Ergebnis als fettarme Fische.

Dennoch Natürlich lassen sich auch magere Lebensmittel grillen. Sie sollten dann allerdings auf keinen Fall zu lange auf dem Grill liegen und auch nicht bei zu großer Hitze. Auch Marinaden können den fehlenden Fettanteil ersetzen, das Grillgut vor dem Austrocknen schützen und gleichzeitig eine Extraportion Geschmack liefern.

Bio-Qualität Fleisch, Geflügel und Fisch sollten aus biologisch-artgerechter Haltung stammen – so können Sie zum einen ungetrübt schlemmen und zum anderen sicher sein, qualitativ hochwertiges Grillgut auf dem Teller zu haben.

Gemüse Bei der Zubereitung von Gemüse sollten Sie entweder auf eine Marinade zurückgreifen oder die einzelnen Gemüseteile vorgaren, damit diese nicht an Geschmack und Frische verlieren.

Unfälle vermeiden

Der richtige Anzünder Schuld an den meisten tragischen Grillunfällen ist in den meisten Fällen Gedankenlosigkeit und Ungeduld. Möglichst schnell muss es gehen, und so manchem Grillfan wäre es am liebsten, er könnte die Glut schon mit der Holzkohle aus der Tüte schütten.

Nicht selten wird dann immer noch ein Brandbeschleuniger eingesetzt: Spiritus, Benzin, Lampenöl … einige schrecken nicht einmal vor Diesel zurück. Da wird dann die Kohle in der Grillschale satt getränkt – und aus mehr oder weniger großer Entfernung angezündet. In vielen Fällen entzünden sich die Brennstoffe explosionsartig und schwere Verbrennungen können die Folge sein. Auch Kaminanzünder haben beim Grillen nichts verloren. Sie enthalten häufig Paraffin, das zwar keine Unfälle hervorruft, aber den Geschmack des Essens gründlich verderben kann und der Gesundheit nicht zuträglich ist. Beim Verbrennen entstehen giftige Gase, die am Grillgut hängenbleiben.

Gerader Untergrund und fester Stand Der Grill sollte gerade stehen. Beim Hantieren mit dem Feuer ist Vorsicht geboten. Halten Sie sich deshalb an Herstellerangaben und Gebrauchsanweisungen. Es empfiehlt sich auch einen Feuerlöscher, Löschsand oder einen Eimer mit Wasser bereitzustellen.

Achten Sie beim Aufstellen des Grills auf die Windrichtung, damit Ihre Nachbarn nicht belästigt werden und vergessen Sie nicht, den Windschutz Ihres Grills zu befestigen. Er verhindert, dass heiße Asche oder Glut aufgewirbelt werden. Achten Sie auch auf einen festen Stand des Grillgeräts.

Ausglühen Ist der Grillabend vorbei, lassen Sie die Glut schlicht ausglühen. Dafür sollten die Lüftungsschlitze geschlossen sein. Sie können die Glut auch ersticken, indem Sie etwas Sand darüberstreuen. Gießen Sie aber niemals Wasser darüber – die heißen Spritzer könnten schmerzhafte Brandwunden verursachen! Die ausgekühlte Asche muss nicht unbedingt im Abfalleimer landen. Sie ist ein guter Blumendünger und kann auch auf den Komposthaufen geschüttet werden.

Das richtige Zubehör

Grillzange Sie sollte unbedingt aus Edelstahl sein. Zudem ist es ratsam, gleich zwei anzuschaffen. Mit der einen wenden Sie das Grillgut, mit der anderen können Sie Kohle verteilen oder andere schmutzige Dinge anfassen und bewegen. Zum Verteilen der Kohle eignet sich allerdings auch ein einfacher **Schürhaken**. Sein Griff sollte isoliert sein, damit Sie sich nicht verbrennen. Auch eine **Kohlenschaufel** ist nützlich, wenn Kohlen nachgelegt werden müssen.

Fleischgabel Darauf sollten Sie besser verzichten. Durch den Einstich tritt Fleisch- oder Fischsaft aus, das Grillgut trocknet aus. Empfindliches Grillgut wie z. B. Fisch wird bereits leicht verletzt, wenn man zum Wenden eine **Grillzange** verwendet. Besser eignen sich für solche Fälle **Pfannenwender** oder **Spatel**.

Grillhandschuhe Wer möchte sich schon gern die Finger verbrennen? Niemand. Deshalb gehören Grillhandschuhe zum Vergnügen dazu, etwa wenn Sie heiße Spieße anfassen müssen, um diese zu wenden. Auch Grillpäckchen, die in Alufolie auf dem Rost liegen und gedreht werden müssen, sind sehr heiß. Selbst glühende Kohlen und Briketts können mit guten Grillhandschuhen angefasst werden. Achten Sie beim Kauf darauf, dass die Handschuhe auch

Handgelenk und Unterarm bedecken. Am besten schützt eine Aluminiumschicht auf der Außenseite der Handschuhe.

Küchenschürze Um Kleidung oder unbedeckte Hautstellen vor heißen Fettspritzern zu schützen, sollten Sie eine Küchenschürze aus festem Material tragen. Die Schürze sollte auf gar keinen Fall Kunststofffasern enthalten, da diese leicht entflammbar sind.

Küchenpinsel Zum Bestreichen des Rosts mit Öl oder des Grillguts mit Öl oder Marinade empfiehlt es sich, mehrere Kochpinsel bereitzuhalten. Silikonküchenpinsel sind besonders praktisch. Sie haaren nicht, lassen sich gut in der Spüle reinigen und sind äußerst hitzeresistent.

Spieße Immer häufiger landen Spieße auf dem Grill. Um Fleisch, Gemüse, Meerestiere oder Obst zusammenzustellen, eignen sich ganz normale Spieße aus Holz. Damit sie nicht anbrennen, sollten sie vorher einige Zeit in Wasser gelegt werden. Ideal sind Spieße aus Metall, die es in mehreren Größen gibt. Sie sollten möglichst einen isolierten Griff haben, damit man sie zum Wenden besser anfassen kann. Auch Bambusspieße können für Grillgut, das zum Garen nur kurz auf dem Rost liegen muss, eingesetzt werden. Auch sie müssen vorher ca. 30 Minuten gewässert werden.

Garthermometer Zum Messen der Kerntemperatur (die Temperatur in der Mitte des Grillguts) bei größeren Fleischstücken,

wie zum Beispiel ganzen Hähnchen, erweist sich ein Fleischthermometer – digital oder analog – als sinnvoll. Idealerweise verfügt es über eine dünne Spitze, damit durch den Einstich nicht unnötig Fleischsaft austritt.

Drahtbürste Diese ist eine sinnvolle Anschaffung, da sie für die gründliche Reinigung des Grills unentbehrlich ist. Rückstände am Rost lassen sich damit mühelos entfernen, auch wenn sie schon eingetrocknet sind. Auch ein **Metallschaber** kann nützliche Dienste leisten.

Mittlerweile hält der Handel eine bunte Palette an Grillzubehör bereit. Vieles ist

Ein Garthermometer zeigt verlässlich an, ob das Grillgut den gewünschten Gargrad erreicht hat.

überflüssig, einiges sinnvoll. Dazu gehören **Tropf- und Marinierschalen** aus Edelmetall, **Grillkörbe** für Fisch und Gemüse, **Drehspieße** für größere Bratenstücke, **Geflügelhalter, Pizzastein, Spare-Rib-Halter** und vieles mehr. Letztendlich kommt es auf den Einzelnen und seine Vorlieben an. Wer gern größere Fleischstücke direkt grillt, benötigt einen Drehspieß, und wer Huhn oder Ente am liebsten im Ganzen röstet, kommt um einen Geflügelhalter nicht herum.

Der optimale Arbeitsplatz

Alles in Griffnähe? Bevor sich Ihr Grillgut auf dem Rost befindet, sollten Sie sich stets vergewissern, dass Sie alle notwendigen Utensilien in Griffnähe haben. Am besten bauen Sie sich diese auf einem kleinen Beistelltisch auf. So können Sie sich während des Grillens ganz auf die wichtigste Sache – das Grillgut – konzentrieren und müssen nicht dauernd losrennen, um irgendetwas im Haus zu suchen. Am besten ist es, Sie bewahren alle Utensilien und Gerätschaften an einem ganz bestimmten Ort auf, damit Sie alles schnell zur Hand haben.

Do's & Dont's

Grillen kann eigentlich jeder, oder? Weit gefehlt! Genauso wenig, wie ein guter Koch vom Himmel fällt, kommt man als Grillmeister auf die Welt. Wissen, Technik, Knowhow, Routine – es gehört schon einiges dazu, um auf dem heißen Rost kleine Meisterwerke zu komponieren. Mit Magie

hat das aber alles überhaupt nichts zu tun, sondern damit, ein paar grundlegende Dinge zu beachten. Damit also nichts schiefgeht und dann lange Gesichter die Folge sind, hier einige Tipps, wie Ihr Grillevent zu einem kulinarisch unvergesslichen Erlebnis wird.

- **Grillrost** Wenn man einen verstellbaren Grillrost hat, sollte man die Höhe des Rostes auf die Stärke des Grillgutes einstellen. Für dickere Fleischstücke sollte er höher eingestellt sein als für dünne Fleischstücke. Eine Handbreit zwischen Glut und Rost ist jedoch das Minimum.

- **Richtig einölen** Damit das Essen nicht kleben bleibt, bestreichen Sie Rost oder Grillschale und Grillgut regelmäßig mit Öl. Achten Sie auch darauf, dass das Öl zum Grillen geeignet ist. Kalt gepresstes Öl sollten Sie lieber für Salate verwenden, denn durch die Hitze verbrennt es, verliert seine gesunden Inhaltsstoffe und der Geschmack verändert sich. Am besten nehmen Sie zum Einölen ganz normales, hoch erhitzbares Pflanzenöl, z. B. raffiniertes Sonnenblumen- oder Rapsöl.

- **Richtig wenden** Viele Hobby-Griller wenden das Fleisch im Minutentakt. Doch so wird das Kotelett oder Nackensteak trocken. Und der Fisch zerfällt. Richtig: Nur einmal umdrehen. So bleibt das Fleisch saftig und es entwickeln sich leckere Röstaromen.

- **Gepökeltes Fleisch** Kasseler und Co. haben auf dem Grillrost nichts zu suchen. Bei hohen Temperaturen bilden sich

Nitrosamine, Stoffe, die ein Krebsrisiko bergen. Auch Bockwürste sollten deshalb nicht gegrillt werden.

- **Kaltes Fleisch** Das Fleisch sollte vor dem Grillen Zimmertemperatur haben. Ansonsten wird es zwar außen schnell braun, kann aber unter Umständen innen noch kalt und roh sein. Tiefgekühltes Fleisch sollte man gar nicht zum Grillen nehmen, da es schnell trocken wird.

- **Würstchen** sollten unbedingt einen Naturdarm haben. Wenn man Würstchen mit Kunstdarm grillt, erhält das Grillgut einen unappetitlichen Kunststoffgeschmack.

- **Wann ist es gar?** Da gibt es keine goldene Regel. Es hängt von der Temperatur des Grills, des Grillguts und auch der Außentemperatur ab. Außerdem spielt natürlich die Dicke des Grillguts eine Rolle und der persönliche Geschmack. Was

dem einen zu roh ist, mag der andere genau so. Wichtig ist auch die Art des Grillguts an sich. Während Rindfleisch sogar ganz roh verzehrt werden kann, sollten Schwein und Huhn durchgegart sein. Der Kasten unten auf der Seite bietet erste Annäherungswerte. Beim Kauf eines Grillthermometers werden detaillierte Tabellen in der Regel mitgeliefert.

- **Entspannen** Ein gutes Steak wandert nicht direkt vom Grill in den Mund, sondern ruht für 2–3 Minuten – am besten in Folie gewickelt. Das hat den Vorteil, dass man sich erstens nicht die Zunge verbrennt und zweitens beim Anschneiden nicht gleich der ganze Fleischsaft aus dem Steak auf den Teller rinnt.

- **Fisch** wickelt man am besten in Alufolie, bevor man ihn auf den Grillrost legt. Das verhindert, dass der Fisch beim Grillen auseinanderfällt und austrocknet. Alter-

KERNTEMPERATUREN

Fleischsorte/ Gargrad	durch	medium	blutig
Rind	Über 62 °C	52–58 °C	50 °C
Kalb	75–80 °C	72 °C	
Lamm	80–85 °C	52–70 °C	50 °C
Schwein	70–80 °C		
Geflügel	75–90 °C		
Fisch	70–80 °C		

nativ kann man einen Fischkorb verwenden.

- **Gemüse** Beim Gemüse eignen sich vor allem die festfleischigen Sorten wie Paprika, Tomaten und Auberginen. Besonders lecker sind auch Zwiebeln, Maiskolben und Pilze, die einfach auf den Grillrost gelegt werden. Maiskolben werden immer am besten in Wasser vorgegart.

- **Obst** Als Abschluss des Grillfestes kann man natürlich auch Obst auf den Grill legen. Hier eignen sich besonders Bananen, Birnen, Äpfel oder Pfirsiche. Wer möchte, kann das Obst vorher auch mit Alkohol oder Fruchtsaft beträufeln und mit Vanille, Zucker oder Zimt bestäuben. Anschließend wird es dann in Alufolie eingewickelt und auf den Grillrost gelegt.

- **Grillmuster** Wer möchte, dass sein Stück Fleisch ein schönes Grillmuster bekommt, muss es branden, d. h. bei direkter Hitze auf den heißen Rost legen und nach 2–3 Minuten um 45 Grad drehen. Das funktioniert am besten auf gusseisernen Grillrosten.

- **Weder Bier noch Wein** Besprühen oder begießen Sie das Fleisch nicht mit Bier oder Wein, denn das führt zur Bildung von gesundheitsschädlichen polyzyklischen aromatischen Kohlenwasserstoffen.

Solange noch Flammen durch den Rost züngeln, hat Grillgut darauf nichts verloren.

- **Gesund grillen** Nur, wer es falsch macht, gefährdet sich. Der größte Fehler: zu viel Öl und Fett wird auf das Fleisch gepinselt. Tropft dies auf die glühende Kohle, bilden sich nicht nur Flammen, sondern auch das krebserregende Benzpyren.

Notwendig und wichtig: Grillreinigung und -pflege

Auch wenn man nach einem schönen langen Sommerabend im Freien wirklich weder Lust noch Laune verspürt, den Grill zu reinigen, einige Vorarbeiten sollte man schon erledigen.

Vorreinigung Nehmen Sie den noch warmen Rost vom Grill und fahren Sie mit einer Drahtbürste über die Streben. Gründlich abwaschen können Sie den Rost dann am nächsten Tag. Spezielle Reiniger sind nicht erforderlich, auch ein Schuss Essig im Wasser tut seine Pflicht. Bei leichteren Verschmutzungen hilft es, den Grillrost mit Kaffeesatz abzureiben.

Wenn es spät wurde ... Wer es nicht mehr schafft, den Rost von Verkrustungen zu befreien, wickelt den abgekühlten Rost in nasses Zeitungspapier ein und legt ihn ins Gras. Am nächsten Tag können Sie den Schmutz einfach mit lauwarmem Wasser und etwas Spülmittel entfernen.

Wartung und Pflege Während die Roste schon allein aus hygienischen Gründen nach jedem Grillvorgang gesäubert werden müssen, muss die Grillschale des Holzkohlegrills in der Regel nur kurz mit einem schonenden Spülmittel gesäubert werden. Verwenden Sie ein weiches Tuch, um den Schmutz abzuwischen, niemals einen Stahlschwamm oder eine Bürste. Sind Fettreste und auch schwarze Rauchreste vorhanden, sollten diese unbedingt sofort entfernt werden, weil sie sich ansonsten beim nächsten Grillen einbrennen könnten. Auch der Elektrogrill muss von Fett befreit und der Grillrost gründlich gereinigt werden. Die Fettauffangschale eines Tischgrills muss gespült werden. Das Gehäuse des Elektro-

grills muss vom Fett befreit werden, denn der Kunststoff leidet und sieht irgendwann unappetitlich aus, wenn sich Fettreste bei jeder Benutzung ein wenig fester einbrennen. Der Gasgrill ist hinsichtlich der Reinigung relativ anspruchslos. Durch geringe Rauchentwicklung und ein Auffangen von Fett in einer Schale ergibt sich nur eine geringe Verschmutzung des Grillrostes. So genügt dem Gehäuse eine gründliche feuchte Reinigung, der Grillrost muss in Spülwasser vom Fett befreit werden.

MARINADEN, RUBS & GEWÜRZ-MISCHUNGEN

FISCH-RUB (FÜR CA. 1 KG FISCH)

2 Lorbeerblätter
je 1 Tl Meersalz, Chiliflocken, schwarzer Pfeffer und gem. Koriander
½ Tl Fenchelsamen

Die Gewürze und Kräuter in einen Mörser geben und mit dem Stößel zerkleinern. Mit der Gewürzmischung den Fisch einreiben. Den Rest in ein Glas geben und mit einem Schraubdeckel verschließen. Der Rub hält sich einige Wochen. Er harmoniert mit allen Fisch- und Meeresfrüchten.

BBQ-RUB (FÜR CA. 12 FLEISCHSTÜCKE)

½ El brauner Zucker
je 1 Tl Selleriesalz, gem. Koriander, getr. Thymian, getr. Oregano und Chilipulver
je 2 Tl getr. Basilikum, Senf-, Zwiebel- und Knoblauchpulver
2 El Paprikapulver
2 zerkleinerte Lorbeerblätter
je ½ Tl Cayennepfeffer, gem. Kreuzkümmel und schwarzer Pfeffer

Die Gewürze und Kräuter in einen Mörser geben und mit dem Stößel zerkleinern. Die Gewürzmischung in ein Glas geben und verschließen. Der Rub hält sich einige Wochen. BBQ-Rub eignet sich für Spareribs (Schälrippchen), Schweinekoteletts, Rindersteaks und Geflügel.

MAROKKANISCHER RUB (FÜR 1 KG FLEISCH ODER FISCH)

je 1 Tl gem. Kreuzkümmel, gem. Koriander und Chilipulver
abgeriebene Schale von 1 unbehandelten Zitrone
je ½ Tl Safranpulver, Salz und schwarzer Pfeffer
2 El frisch gehackter Koriander
1 klein gehackte Knoblauchzehe

Die Gewürze und Kräuter in einem Mörser fein zerkleinern, in ein Glas geben und dieses verschließen. Der Rub passt sehr gut zu Lamm und Geflügel, aber auch zu Fisch.

CHICKEN-RUB (FÜR 1 HÄHNCHEN)

je 1 Tl Salz, Zucker, getr. Oregano, getr. Thymian, Zwiebelpulver, Cayennepfeffer, Paprikapulver, schwarzer Pfeffer und Kurkuma

Die Gewürze und Kräuter in einen Mörser geben und mit dem Stößel zerkleinern. In ein Glas geben und dieses verschließen. Der Rub hält sich einige Wochen und eignet sich vor allem für Geflügel.

KRÄUTERBUTTER

4 Zweige Thymian, 2 Zweige Rosmarin
1 Bund Kerbel, 10 Zweige Pimpernelle
5 Zweige Zitronenmelisse
abgeriebene Schale von ½ unbehandelten Zitrone
250 g weiche Butter, Salz

Kräuter waschen und trocken schütteln. Blätter bzw. Nadeln fein hacken und im Mörser zusätzlich etwas zerstoßen. Alles mit der Zitronenschale unter die weiche Butter kneten. Mit etwas Salz abschmecken. Hält verschlossen und eingefroren 3 Monate. Passt zu Fleisch, Geflügel und Gemüse.

PAPRIKABUTTER

4 El Tomatenmark, 2 ½ Tl Rosenpaprika
250 g weiche Butter, Salz, weißer Pfeffer
1 geh. Tl grob zerdrückte, rote Pfefferkörner

Tomatenmark, Paprika und weiche Butter miteinander verrühren. Mit Salz und Pfeffer abschmecken. Die zerdrückten Pfefferkörner darunterrühren. Hält verschlossen und eingefroren 3 Monate. Passt zu Rind, Schwein und Lamm.

KAPERNBUTTER

50 g Kapern aus dem Glas, 250 g weiche Butter
2 Tl Orangensaft, 1 Tl Senf, Salz, weißer Pfeffer
abgeriebene Schale von einer unbehandelten Orange

Kapern abtropfen lassen und sehr klein hacken. Mit der Butter, dem Orangensaft und dem Senf verrühren. Mit Salz und Pfeffer abschmecken. Die Orangenschale darunterrühren. Hält verschlossen und eingefroren 3 Monate. Passt zu Fleisch und Geflügel.

ZITRONENBUTTER

abgeriebene Schale von 2 unbehandelten Zitronen
250 g weiche Butter, Salz, weißer Pfeffer
2 El fein gehackte Minzeblätter

Zitronenschale unter die weiche Butter kneten. Mit Salz, Pfeffer und Minze abschmecken. Hält verschlossen und eingefroren 3 Monate. Passt zu Fisch, Meeresfrüchten, Kalb und Huhn.

◀ von links oben im Uhrzeigersinn: Kräuterbutter, Paprikabutter, Kapernbutter, Zitronenbutter

ROTWEIN-MARINADE

Für ca. 1 kg Grillgut / **ZUBEREITUNGSZEIT:** ca. 10 Min. / **MARINIERZEIT:** ca. 6 Std.

je 6 Zweige glatte Petersilie, Basilikum, Pfefferminze, Oregano und Salbei
je ½ Bund Schnittlauch und Rucola
je 100 ml Olivenöl und Rotwein
Saft und Schale von 1 unbehandelten Zitrone
grob gemahlener bunter Pfeffer

Die Kräuter waschen und trocken schütteln. Die Blätter von den Zweigen zupfen und fein hacken. Schnittlauch in Röllchen schneiden. Rucola hacken.

Die Kräuter mit Öl, Wein, Zitronensaft und Zitronenschale verrühren und mit Pfeffer abschmecken. Das Grillgut darin mindestens 6 Stunden marinieren. Das Grillgut während des Grillens nach Belieben immer wieder mit etwas Marinade bestreichen.

Diese Marinade ist ein Klassiker für Rind- und Lammfleisch, der sich – je nach verwendetem Kraut – geschmacklich variieren lässt.

CAJUN-MARINADE

Für ca. 1 kg Grillgut / **ZUBEREITUNGSZEIT:** ca. 10 Min. / **MARINIERZEIT:** ca. 12 Std.

2 Knoblauchzehen
1 fein gehackte Chilischote
½ Tl gemahlener Paprika
je 1 Tl gem. Kurkuma, gem. Kreuzkümmel, gem. Koriander, gem. Piment und Limettensaft
1 El Ahornsirup oder flüssiger Honig
2 El Kokosmilch
5 El Sesamöl

Die Knoblauchzehen schälen und durch die Presse in eine Schüssel drücken. Alle anderen Zutaten dazugeben und gut verrühren. Das Fleisch darin mindestens 12 Stunden marinieren. Das Grillgut während des Grillens nach Belieben immer wieder mit etwas Marinade bestreichen.

Wer es noch schärfer haben möchte, kann 1 Teelöffel gemahlenen Cayennepfeffer und 1 Teelöffel frisch geriebenen Meerrettich unterrühren.

LIMETTEN-INGWER-MARINADE

Für ca. 1 kg Grillgut / **ZUBEREITUNGSZEIT:** ca. 10 Min. / **MARINIERZEIT:** ca. 2 Std.

2–3 Knoblauchzehen
3 cm frischer Ingwer
Saft und Schale von 2 unbehandelten Limetten
10 El Olivenöl
2 El Sojasauce
grob gemahlener, bunter Pfeffer

Knoblauchzehen schälen und durch eine Presse in eine Schale drücken. Ingwer schälen und fein dazureiben. Mit Limettensaft, Limettenschale, Olivenöl, Sojasauce und etwas Pfeffer verrühren.

Das Grillgut darin mindestens 2 Stunden marinieren. Das Grillgut während des Grillens nach Belieben immer wieder mit etwas Marinade bestreichen.

Die fruchtig-scharfe Marinade ist für Geflügel und Fisch gleichermaßen geeignet.

JOGHURT-MARINADE

Für ca. 1 kg Grillgut / **ZUBEREITUNGSZEIT:** ca. 10 Min. / **MARINIERZEIT:** ca. 12 Std.

200 g Naturjoghurt
3 Knoblauchzehen
Salz
1 Tl gemahlener Cayennepfeffer
½ Tl Zimt
1 El gehackter Koriander

Naturjoghurt in eine Schüssel geben. Knoblauchzehen schälen, dazupressen und unterrühren. Mit Salz und Cayennepfeffer abschmecken. Zimt und Koriander unterrühren.

Das Grillgut mit der Marinade von allen Seiten bestreichen und abgedeckt über Nacht in den Kühlschrank stellen. Während des Grillens nach Belieben immer wieder mit etwas Marinade bestreichen.

Wer es schärfer mag, kann 1 Teelöffel Garam Masala oder fein gehackte, rote Chilischoten untermengen. Die Marinade eignet sich besonders für Hähnchen, Pute und Lamm und sorgt dafür, dass das Grillgut schön saftig bleibt.

◀ von oben nach unten:
Limonen-Ingwer-Marinade, Joghurt-Marinade

RIND

Rindfleisch ist als Grillfleisch unglaublich beliebt. Jedes Stück, jeder Schnitt ist jedoch anders beschaffen und verlangt eine passende Zubereitung. Auch die Größe eines Stücks und seine Dicke bedingen die Zubereitungsart und die Grilldauer.

Perfektes Fleisch

Ein perfektes Stück Rindfleisch ist dunkelrot und hat glänzende Schnittflächen. Das feinfaserige Fleisch sollte von weißen Fettadern durchzogen sein. Eine dunklere Farbe zeigt, dass das Stück Fleisch von einem älteren Tier stammt, diese sind oft besser und intensiver im Geschmack als junge Tiere. Damit es beim Garen schön zart wird, muss es zudem sehr gut abgehangen sein – zu frisches Rindfleisch ist weniger mürbe und aromatisch und außerdem auch weniger bekömmlich.

Die zartesten Stücke kommen aus wenig beanspruchten Körperteilen und sind in kurzer Zeit gegart. Stärker beanspruchte Teile besitzen mehr Bindegewebe, die Gardauer verlängert sich dadurch. Neben Alter und Geschlecht der Tiere sind für den Geschmack des Fleisches die Zuchtform, die Rasse und das jeweilige Teilstück entscheidend. Besonders schmackhaft sind Rassen, die langsam wachsen und dadurch eine festere Fleischstruktur aufweisen wie Black Angus, Charolais, Galloway und Kobe.

Rindfleisch eignet sich wunderbar zum Grillen. Besonders beliebt sind Steaks, Rinderfilet und Roastbeef am Stück oder ein klassischer Rinderbraten.

Rindfleisch harmoniert gut mit Gewürzen, Aromen und Kräutern wie Knoblauch, Rosmarin, Salbei, Oregano, Thymian, Zitronenschale, Paprikapulver, Ingwer, Petersilie, Meerrettich und Chili.

Kleine Steakkunde

Steaks stammen aus dem gesamten Roastbeef von der Hochrippe bis zur Hüfte. Doch auch aus anderen Teilstücken des Rindes (z. B. Bürgermeisterstück oder falsches Filet) können Steaks geschnitten werden.

Filetsteak Es sollte gut abgehangen und von feinen Fettadern durchzogen sein. Bitte nicht zu dünn schneiden, dann ist es das zarteste Steak, das man sich vorstellen kann.

Rib-Eye-Steak Stammt aus der Hochrippe, erkennbar am „Fettauge", das jedoch ein innenliegender Muskelstrang ist. Ansonsten ist es fein marmoriert. Vor dem Grillen den äußeren Fettrand zurückschneiden, damit er nicht entflammt.

Porterhousesteak Das Steak besteht aus Filet- und Roastbeeffleisch mit einem T-förmigen Knochen. Es ist mindestens 3 cm dick und wiegt mindestens 700 g.

Tomahawk-Steak Dabei handelt es sich um ein riesiges Rib-Eye-Steak mit einem lang belassenen Knochen.

Zimmertemperatur Nehmen Sie Steaks (und anderes Fleisch) ca. 2 Stunden vor der Verarbeitung aus dem Kühlschrank, damit sie Zimmertemperatur annehmen. So lassen sie sich gleichmäßiger garen.

Nicht zu dünn Steaks sollten mindestens 2–3 cm dick sein, sodass die Garzeit ausreichend lang ist, damit die Steaks außen schön bräunen, aber innen saftig bleiben.

Fett macht saftig Greifen Sie nicht zum magersten Fleisch! Eine zarte Fettmaserung löst sich beim Grillen auf und sorgt dafür, dass das Fleisch saftig und zart bleibt. Auch ein kleiner Fettrand bewahrt es vor dem Austrocknen.

Rand einschneiden Bei Steaks mit ausgeprägtem Fettrand sollte der Rand vor dem Grillen nicht komplett entfernt werden, da so das Fleisch saftiger bleibt. Die Fettschicht sollte jedoch in ca. 1 cm breiten Abständen ein-, aber nicht durchgeschnitten werden, damit sich das Steak nicht wölbt.

Bitte wenden Steaks sollten während des Grillens nur einmal gewendet werden. Ausnahme: Sehr dicke Steaks wie das Porterhousesteak mehrfach wenden und umplatzieren!

Grillzange verwenden Steaks sollten generell nicht mit einer Gabel gewendet werden, da beim Einstechen der wertvolle Fleischsaft austritt und die Steaks trocken werden.

GARPUNKT FÜR STEAKS
Den richtigen Garpunkt bestimmen Sie am besten mithilfe eines Küchenthermometers. Liegt die Kerntemperatur im Inneren des Steaks bei 45–50 °C, ist es rare (also blutig); liegt sie zwischen 52–58 °C, ist es medium; ab 62 °C ist das Steak well done; ab 70 °C very well done.

GARZEITEN-TABELLE
Rind

Fleisch	Grilldauer	Grillmethode
Steaks (2 cm) medium	4–6 Minuten	direkt
Steaks (5 cm) medium	ca. 12 Minuten	direkt
Spieße (3 cm) medium	6–8 Minuten	direkt
Rinderfilet/Roastbeef am Stück (1 kg) medium	ca. 30 Minuten	direkt
	ca. 45 Minuten	indirekt
Burger (2 cm) well done	ca. 10 Minuten	direkt
Rinderbraten (1 kg) well done	ca. 1,5 Stunden	indirekt

FEINE ROULADEN AM STIEL

4

20 MIN.

MITTEL

15 MIN.

DIREKT
(bei 250 °C)

**OFFENER
DECKEL**

FÜR DIE ROULADEN
600 g Rinderfilet
2 El mittelscharfer Senf
1 Tl Sardellenpaste
1 Zwiebel
8 dünne Scheiben Früh-
　stücksspeck
je 1 Zweig Rosmarin, Thy-
　mian, Oregano, Majoran,
　Bohnenkraut und Salbei
　(ersatzweise 2 Tl getrock-
　nete Kräuter der Provence)
Salz
Pfeffer
Paprikapulver
Rapsöl zum Bestreichen

AUSSERDEM
8 lange, in Wasser ein-
　geweichte Holzspieße

1 Das Rinderfilet waschen, trocken tupfen und längs in 8 dünne Scheiben schneiden. Auf einer Arbeitsfläche ausbreiten und flach klopfen. Senf und Sardellenpaste in eine kleine Schüssel geben und gut verrühren. Die Zwiebel schälen und sehr fein hacken oder reiben. Zwiebel in die Senf-Sardellenpaste rühren.

2 Die Rinderrouladen mit der fertigen Paste bestreichen, dann jeweils 2 Scheiben Frühstücksspeck darauflegen. Die Kräuter waschen, trocken tupfen, Blätter bzw. Nadeln fein hacken. Die Rouladen mit Salz, Pfeffer, Paprika und Kräutern bestreuen. Fest um lange Holzspieße wickeln und mit Zahnstochern feststecken. Mit Öl bestreichen. Unter Wenden ca. 15 Minuten grillen.

ZARTES RINDERFILET MIT ROTWEINSAUCE

FÜR DAS RINDERFILET

50 ml Olivenöl
je 1 Zweig Thymian, Oregano
   und Basilikum
2 Knoblauchzehen
Saft von 1 Zitrone
1 El grob gemahlener Pfeffer
1 El Sojasauce
1 Rinderfilet (ca. 1 kg)
Rapsöl zum Bestreichen
Salz

FÜR DIE SAUCE

150 g Schalotten
1 Knoblauchzehe
1 El Butter
250 ml kräftiger Rotwein
2 El Cognac
Salz
Pfeffer
1 El Holundermarmelade

1 Olivenöl in eine Schüssel geben. Kräuterzweige abspülen, trocken tupfen, Blätter abzupfen, hacken und zum Öl geben. Knoblauch schälen, fein hacken und ebenfalls zugeben. Zutaten vermengen und Zitronensaft, Pfeffer und die Sojasauce unterrühren.

2 Rinderfilet waschen, trocken tupfen, in einen Gefrierbeutel geben und die Marinade dazugeben. Kräftig einkneten und 1 Stunde im Kühlschrank ziehen lassen.

3 Die Marinade grob mit einem Messerrücken abschaben und beiseitestellen. Rinderfilet auf den Grillrost legen und ca. 30 Minuten grillen, dabei häufiger wenden und immer wieder mit etwas Öl einpinseln. In den letzten 10 Minuten die Marinade daraufstreichen. Filet vom Grill nehmen, salzen und 5 Minuten ruhen lassen. In Scheiben schneiden und servieren.

4 Für die Sauce Schalotten und Knoblauch schälen und fein würfeln. Butter in einem Topf zerlassen und beides bei mittlerer Temperatur 5 Minuten dünsten. Mit Rotwein und Cognac ablöschen und zur Hälfte einkochen lassen. Mit Salz und Pfeffer würzen und die Holundermarmelade einrühren.

6

30 MIN.
(zzgl. Marinierzeit)

MITTEL

30 MIN.

DIREKT
(bei 250 °C)

**OFFENER
DECKEL**

RINDERDONUTS MIT ANANAS

4

25 MIN.

LEICHT

15 MIN.

DIREKT
(bei 250 °C)

**OFFENER
DECKEL**

ZUTATEN

1 altbackenes Brötchen
500 g Rinderhackfleisch
1 Ei
2 Frühlingszwiebeln
½ Bund glatte Petersilie
1 Knoblauchzehe
1 rote Chilischote
2 Tl abgeriebene
   Zitronenschale
Salz
Pfeffer
2 Tl Tomatenketchup
etwas Worcestersauce
8 Scheiben frische, süße
   Ananas
Rapsöl zum Bestreichen

1 Das Brötchen in kaltem Wasser einweichen und ausdrücken. Das Fleisch in eine Schüssel geben. Eingeweichte Brötchen und Ei untermengen.

2 Die Frühlingszwiebeln waschen, trocknen und in sehr feine Ringe schneiden. Die Petersilie waschen, trocken schütteln und die Blätter sehr fein hacken. Knoblauchzehe schälen und durch die Presse drücken. Die Chilischote halbieren und die Kerne entfernen. Innen und außen waschen, trocknen und fein hacken. Alles zusammen mit der Zitronenschale, Salz, Pfeffer, Ketchup und Worcestersauce zum Fleisch geben und gründlich vermengen.

3 Die Schale und die Augen der Ananasscheiben entfernen, den harten Mittelteil herausschneiden. Jede Scheibe mit dem Fleischteig umhüllen, das Loch in der Mitte frei lassen. Einen Grillrost mit Alufolie belegen, die Donuts mit etwas Öl bestreichen und von jeder Seite 6–8 Minuten grillen.

ROASTBEEF MIT GORGONZOLABUTTER

4

20 MIN.
(zzgl. Marinierzeit)

MITTEL

45 MIN.

INDIREKT
(bei 180 °C)

OFFENER DECKEL

FÜR DAS ROASTBEEF

1 kg Roastbeef
1 Bund glatte Petersilie
½ Bund Basilikum
1 Bund Oregano
6 Knoblauchzehen
1 rote Chilischote
2 Tl Paprikapulver
2 Tl Meersalz
1 Tl Pfeffer
200 ml Rapsöl plus Rapsöl
   zum Bestreichen

FÜR DIE GORGONZOLA-BUTTER

30 g Gorgonzola-Käse
100 g weiche Butter
1 Bund Schnittlauch
Salz
roter Pfeffer

1 Das Roastbeef waschen und trocken tupfen. Die Kräuter waschen, trocken schütteln und die Blättchen hacken. Knoblauch schälen und fein hacken. Die Chilischote halbieren, Stielansatz und Kerne entfernen, waschen und hacken. Die Kräuter mit Gewürzen, Salz und Öl vermengen.

2 Roastbeef in einen Gefrierbeutel geben und die Marinade dazugießen. Kräftig einmassieren und mindestens 4 Stunden im Kühlschrank marinieren. Die letzten 30 Minuten sollte das Fleisch außerhalb des Kühlschranks marinieren, damit es nicht zu kalt auf den Grill kommt. Bei 180 °C indirekt ca. 45 Minuten grillen, bis die Kerntemperatur ca. 58 °C hoch ist.

3 Für die Gorgonzola-Butter Gorgonzola mit einer Gabel zerdrücken und die Butter in kleine Flöckchen schneiden. Den Schnittlauch waschen, trocken schütteln und in feine Ringe schneiden. Alles miteinander verrühren und mit Salz und rotem Pfeffer würzen.

4 Das fertige Fleisch in Scheiben schneiden und mit der Gorgonzola-Butter servieren. Dazu passen Zitronenkartoffeln (Seite 181).

TIPP

Besonders zart wird das Roastbeef bei 90 °C Grilltemperatur. Die Grilldauer bis zu einer Kerntemperatur von 50 °C beträgt dann ca. 3 Stunden.

PORTERHOUSESTEAK MIT MAISKOLBEN

FÜR DIE STEAKS
100 ml Oliven- oder Rapsöl
4 Tl Senf
2 Tl Sardellenpaste
2 El grüner Pfeffer
2 Porterhousesteaks
   (insgesamt ca. 1500 g)
Fleur de Sel

FÜR DIE MAISKOLBEN
125 g Butter
4 Knoblauchzehen
Salz
Pfeffer
4 junge Maiskolben

1 Für die Marinade Öl, Senf und Sardellenpaste verrühren. Den grünen Pfeffer zerdrücken und unterrühren. Steaks in einem Gefrierbeutel mit der Marinade mischen und im Kühlschrank mindestens 3 Stunden darin marinieren.

2 Für die Maiskolben die Butter in kleine Stücke schneiden. Die Knoblauchzehen schälen, durch die Presse drücken und zur Butter geben. Etwas Salz und grob gemahlenen Pfeffer dazugeben und alles miteinander mit einer Gabel verrühren. Zurück in den Kühlschrank stellen.

3 Die Maiskolben von den Blättern befreien und waschen. In kochendem Salzwasser 20 Minuten köcheln lassen. Aus dem Topf nehmen, abtropfen lassen und für ca. 15 Minuten direkt grillen.

4 Steaks aus der Marinade nehmen und abtropfen lassen. Auf den Grill legen und je nach Dicke und gewünschtem Gargrad ca. 7 Minuten direkt grillen. Zwischendurch mit Marinade bestreichen und wenden.

5 Ist das Fleisch gar, die Knochen entfernen, das Fleisch in schräge Scheiben schneiden und mit Fleur de Sel bestreuen. Etwas Knoblauchbutter auf die Maiskolben geben und dazu reichen.

2–4

25 MIN.
(zzgl. Marinier-
und Kochzeit)

MITTEL

15 MIN.

DIREKT
(bei 250 °C)

**GESCHLOSSENER
DECKEL**

HÜFTSTEAKS MIT GRILLTOMATEN

ZUTATEN

4 Hüftsteaks (à 200 g)
abgeriebene Schale von
  1 unbehandelten Zitrone
4 El Bourbon-Whiskey
1 Spritzer Tabasco
3 Knoblauchzehen
1 Tl Paprikapulver
2 Tl Ahornsirup
1 Tl Senf
½ Tl Cayennepfeffer
4 große Tomaten
Salz
Öl zum Bestreichen

1 Steaks auf die Arbeitsfläche legen und leicht flach klopfen. Zitronenschale mit Tabasco und Whiskey verrühren. Knoblauch schälen und dazupressen, mit Paprika, Ahornsirup, Senf und Cayennepfeffer verrühren. Mit den Steaks zusammen in einen Gefrierbeutel geben und die Marinade in die Steaks einmassieren. Mindestens 2 Stunden im Kühlschrank ziehen lassen.

2 Die Steaks aus der Marinade nehmen, mit Küchenpapier trocken tupfen und mit etwas Öl bepinseln. Die Tomaten waschen, halbieren und mit etwas Öl bestreichen.

3 Die Steaks bei starker Hitze auf jeder Seite 3 Minuten (rosig) bis 5 Minuten (durch) grillen. Tomaten am Rand des Grills auf den Schnittflächen rösten. Steaks in Folie gewickelt weitere 5 Minuten ziehen lassen. Steaks und Tomaten salzen und pfeffern und gemeinsam servieren.

4

40 MIN.
(zzgl. Marinierzeit)

LEICHT

10 MIN.

DIREKT
(bei 250 °C)

OFFENER DECKEL

RINDERFILETSTEAKS MIT WASABI

4

25 MIN.
(zzgl. Marinierzeit)

MITTEL

5 MIN.

DIREKT
(bei 250 °C)

OFFENER DECKEL

FÜR DIE STEAKS

4 dicke Filetsteaks
    vom Rind (à ca. 180 g)
2 Knoblauchzehen
4 cm frischer Ingwer
2 El Sojasauce
2 El Erdnussöl

FÜR DIE DIPS

250 g weißer Rettich
4 El Reisessig
5 El Zitronensaft
2 Tl abgeriebene Schale von
    1 unbehandelten Zitrone
1 rote Chilischote
Salz
Zucker
2 Tl Wasabipulver
200 g Crème fraîche
50 ml Sojasauce

1 Steaks abspülen und trocken tupfen. Knoblauch und Ingwer schälen und sehr fein hacken. Mit der Sojasauce und dem Erdnussöl verrühren. Die Steaks kräftig damit einreiben und in einem Gefrierbeutel im Kühlschrank mindestens 3 Stunden marinieren.

2 Für den Rettichdip den Rettich schälen und sehr fein reiben. Mit Reisessig, 4 El Zitronensaft und dem Zitronenabrieb verrühren. Die Chilischote längs halbieren, die Kerne entfernen. Waschen, trocken tupfen und in sehr feine Streifen schneiden. Zum Rettich geben und alles mit Salz und Zucker abschmecken.

3 Für den Wasabi-Dip Wasabipulver mit restlichem Zitronensaft und etwas Wasser verrühren und mit der Crème fraîche mischen. Beide Dips in kleine Schälchen geben. Ein drittes Schälchen mit Sojasauce füllen.

4 Den heißen Grillrost ölen und die Steaks von jeder Seite 2 Minuten grillen. In Scheiben schneiden und mit Sojasauce und Dips servieren.

RÜCKWÄRTS GEGRILLTES TOMAHAWK-STEAK

4

30 MIN.

MITTEL

40 MIN.

DIREKT u. INDIREKT
(bei 250 °C)

OFFENER u.
GESCHLOSSENER
DECKEL

ZUTATEN

1 Tomahawk-Steak (mindes-
tens 3 cm dick, 1,2 kg)
1 grüner Salat nach Saison
(z. B. Romana)
1 Zweig Thymian
1 kleines Stück
frischer Ingwer (2 cm)
1 Knoblauchzehe
2 El Orangenextrakt
2–3 El Olivenöl
1 Tl Puderzucker
Salz
Meersalzflocken

1 Das Fleisch ungewürzt im indirekten Bereich und bei geschlossenem Deckel auf eine Kerntemperatur von 50 °C bringen, das dauert bei einer Fleischdicke von etwa 3 cm 30–40 Minuten.

2 Währenddessen den Salat und den Thymian waschen und trocken schütteln. Den Ingwer schälen und fein reiben, den Knoblauch schälen und ebenfalls fein reiben. Olivenöl mit Orangenextrakt für die Vinaigrette verrühren und mit Puderzucker und Salz abschmecken.

3 Das Fleisch direkt über der Glut auf jeder Seite 3–4 Minuten scharf fertig grillen, die Kerntemperatur sollte am Ende 56 °C betragen. Etwa 5 Minuten ruhen lassen, derweil den Salat mit der Vinaigrette anmachen. Das Fleisch mit Meersalzflocken bestreuen und mit dem Salat servieren.

TIPP
Dazu schmeckt
Kartoffelpüree.

GERÄUCHERTE BEEF-RIBS

4

15 MIN.

LEICHT

6 STD.

INDIREKT
(120 und
160–180 °C)

**GESCHLOSSENER
DECKEL**

ZUTATEN

4 Leitern Rippen (à 600 g)
je 1 TL Meersalz, Rauchsalz,
  geräuchertes Paprika- und
  Chilipulver, schwarzer
  Pfeffer, getrockneter
  Thymian
1 l Schwarzbier für die
  Grillschale oder anderes
  malziges Bier
300 ml Schwarzbier für die
  Glasur oder Sauce
reichlich dunkler Ahornsirup
  (alternativ BBQ-Sauce)

AUSSERDEM

Mixed Pickels zum Servieren
3 Holz-Chunks nach Wahl

1 Von den Rippchen Sehnen, Silberhaut und, falls diese relativ dick ist, einen Teil der Fettauflage entfernen. Die Holz-Chunks auf die glühenden Briketts legen. Die Rippchen rundum großzügig und kräftig mit dem Rub einreiben, auf den indirekten Bereich (120 °C) legen und zunächst 3 Stunden smoken.

2 Die Grillschale mit Bier (oder einer anderen Flüssigkeit) füllen und das Fleisch auf den Rost legen. Mit Alufolie eine gut schließende Haube darüber bilden und etwa 2 Stunden bei 160–180 °C (weiterhin im indirekten Bereich) dämpfen. Dann auswickeln und für 1 Stunde normal auf den Grillrost (indirekter Bereich) legen. Ahornsirup mit dem restlichen Schwarzbier vermischen und die Rippchen immer wieder damit bepinseln. Am Schluss sollte sich das Fleisch sichtbar von den Knochen zurückgezogen haben.

3 Die Rippchen vom Grill nehmen und 15 Minuten ruhen lassen. Zwischen den Knochen einschneiden, mit den Mixed Pickles, weiterem Ahornsirup oder der BBQ-Sauce servieren.

TIPP

Das mit Rub oder Gewürzen eingeriebene Fleisch muss nicht durchziehen oder marinieren – da es sich um trockene Zutaten handelt, nimmt das Fleisch diese nur äußerlich auf.

Nicht erschrecken, das Fleisch „schrumpft" auf dem Grill um etwa 30 Prozent, daher ruhig große Stücke kaufen.

HAMBURGER MIT COLE SLAW

FÜR DEN COLE SLAW

1 kleiner Weißkohl
2 kleine Möhren
2 Schalotten
150 g Joghurt
50 g Mayonnaise (Seite 192)
1 El Zitronensaft
1 El Apfelessig
1 Tl Zucker
Salz
schwarzer Pfeffer

FÜR DIE PATTYS

600 g grob gewolftes Rinderhack
Salz
schwarzer Pfeffer

FERTIGSTELLEN

4 Scheiben Cheddar
4 Buns
1 rote Zwiebel
1 große Tomate
1 Handvoll Rucola
Mayonnaise (Seite 192)
Ketchup

1 Für den Cole Slaw den Kohl putzen und fein hobeln, die Möhren schälen, putzen und raspeln. Die Schalotten abziehen und fein würfeln. Alle Zutaten mischen und während der weiteren Zubereitung durchziehen lassen.

2 Das Rinderhack mit Salz und Pfeffer würzen und 4 Pattys formen. Die Pattys auf jeder Seite 2–3 Minuten im direkten Bereich (240 °C) scharf angrillen, sodass Röstaromen entstehen. Die Pattys mit Salz und Pfeffer würzen und in den indirekten Bereich des Grills legen. Die Käsescheiben auf die Pattys legen und bei geschlossenem Deckel schmelzen lassen. Die Burger-Buns halbieren und mit der Schnittseite nach unten kurz auf der direkten Zone antoasten.

3 Die Zwiebel abziehen und in Ringe schneiden, die Tomate waschen und in Scheiben schneiden, dabei den Stielansatz entfernen. Den Rucola waschen und trocken schütteln.

4 Die Unterseite der Buns mit Mayonnaise bestreichen und Rucola auflegen. Jeweils 1 Patty mit Käse auflegen, mit Zwiebel, Tomate und Ketchup toppen, dann die Bun-Oberseite aufsetzen. Mit dem Cole Slaw servieren.

4

25 MIN.

LEICHT

10 MIN.

DIREKT u. INDIREKT
(bei 240 °C)

OFFENER u.
GESCHLOSSENER
DECKEL

DOUBLE-DOUBLE CHEESEBURGER

4

25 MIN.

LEICHT

10 MIN.

DIREKT
(bei 240 °C)

**GESCHLOSSENER
DECKEL**

FÜR DIE PATTYS
600 g Rinderhack
1–2 El Worcestersauce
½ Tl Chilipulver
1 Tl getrockneter Thymian
1 Tl getrockneter Rosmarin
Salz
schwarzer Pfeffer

FERTIGSTELLEN
4 große grüne Salatblätter
2 eingelegte Gurken
1 rote Zwiebel
4 Burger-Buns mit Sesam
Ketchup
Mayonnaise (Seite 192)
4 Scheiben junger Gouda
4 Scheiben mittelalter Gouda

1 Für die Pattys das Rinderhack mit Salz und Pfeffer würzen und mit den Gewürzen abschmecken. Mit feuchten Händen aus dem Teig 4 Pattys formen und im direkten Bereich bei geschlossenem Deckel auf jeder Seite 4–5 Minuten grillen.

2 Für die Toppings die Salatblätter waschen und trocken schütteln. Die Gurken in dünne Scheiben schneiden. Die Zwiebel abziehen und in dicke Scheiben schneiden.

3 Die Burger-Buns halbieren und die Schnittflächen kurz auf dem Grill antoasten. Jeweils auf die untere Bunhälfte nach Belieben dicke Tupfer Ketchup und Mayonnaise setzen. Mit je 1 Salatblatt, 1 Käsescheibe und dem Patty belegen. Auf das noch heiße Patty die zweite Käsescheibe legen. Der Käse sollte auf dem Patty schmelzen. Mit Gurkenscheiben belegen und mit Zwiebelringen garnieren. Die obere Brötchenhälfte aufsetzen. Dazu mehr Ketchup und Mayonnaise servieren.

SCHWEIN

Schweinefleisch ist in der Regel günstiger als Rindfleisch, unter anderem wegen seines sehr hohen Fettanteils ist es die Grundlage für die allermeisten Wurstsorten, für Schinken, Schmorgerichte – und natürlich für die Zubereitung auf dem Grill. Anders als Rind muss Schweinefleisch an sich nicht reifen, um verzehrt werden zu können: Es muss nur 48 Stunden abhängen, um verzehrfertig zu sein.

Beliebtes Grillgut

Das milde Fleisch des Schweins ist unglaublich vielseitig zuzubereiten und lässt sich leicht süß oder herzhaft mit Gewürzen, Kräutern und Aromen aufpeppen.

Auch bei Schweinefleisch beeinflussen eine artgerechte, stressfreie Haltung und gute Fütterung die Fleischqualität enorm. Je nach Art der Haltung bringen die Tiere auch gleich genügend Eigenaromen mit, etwa wenn sie in Wäldern gehalten wurden und sich an Eicheln, Kastanien und Pilzen gütlich getan haben und wenn sie generell genügend Auslauf hatten. In den letzten Jahren wurden verstärkt alte Rassen wiederentdeckt, deren Fleisch mit reichlich intramuskulärem Fett auch für Genießer attraktiv ist.

Gutes Schweinefleisch erkennt man an seiner frischen rosa, bei manchen Rassen auch rötlichen Farbe. Das Fleisch sollte kräftig-rosa bis rot ist, feinfaserig und gleichmäßig marmoriert. Zu mageres Fleisch gibt beim Braten sehr viel Flüssigkeit ab, zieht sich zusammen, wird zäh und verliert an Geschmack.

Koteletts werden aus dem Rippenstück beiderseits der Wirbelsäule hinter dem Nacken geschnitten. Dieser Kotelettstrang reicht beim Schwein bis zur Hinterkeule. Aus dem vorderen Teil des Kotelettstrangs werden Stielkoteletts geschnitten, bei denen der Knochen am Fleisch bleibt. Ausgelöste Stielkoteletts werden als Schweinesteak angeboten. Da Stielkoteletts und Schweinesteaks nur wenig marmoriert sind und daher schnell trocken werden können, dürfen sie auf keinen Fall zu lange gegrillt werden.

Schweinemedaillons werden aus dem Filet, dem teuersten und zartesten Stück des Schweins, geschnitten. Das Filet kann jedoch auch sehr gut im Ganzen gegrillt werden.

Braten Das Schwein liefert auch hervorragende Fleischteile für ganze Braten. Besonders saftig sind Braten aus dem Schweinenacken, aus denen auch das berühmte Pulled Pork zubereitet wird. Ebenfalls geeignet sind Braten aus der Schulter oder aus dem Schinken (Oberschale und Nuss).

Spareribs Was in Amerika als Spareribs erhältlich ist, sind die Brust- und Bauchrippen (sog. Schälrippen) vom Schwein. Was hingegen bei deutschen Metzgern als Spareribs verkauft wird, nennt der Amerikaner Baby Back Ribs oder Loin Spareribs. Sie sind kleiner als die in Amerika angebotenen Spareribs, haben weniger Fleisch und sind zarter. Beim Einkauf von Spareribs sollte generell darauf geachtet werden, dass sie rundherum mit Fleisch bedeckt sind und das Fett nicht gelblich, sondern weiß ist. Je heller das Fett ist, desto jünger sind die Tiere.

Tipps & Tricks

Mageres marinieren Fettarmes Schweinefleisch sollte vor dem Grillen in Öl mariniert oder in eine würzige Salzlake eingelegt werden, damit es nicht austrocknet.

Durchgaren Schweinefleisch sollte immer durchgegart serviert werden, das Fleisch ist dann hell altrosa. Damit dickere Schweinekoteletts innen gut durchgaren, außen aber nicht verbrennen, sollten sie bei sanfter Hitze gegrillt werden.

Nicht zu dünn Damit Koteletts und Steaks zart und saftig bleiben, darf das Fleisch nicht zu dünn geschnitten werden.

Schwarte einweichen Bei Bratenstücken mit Schwarte sollte diese vor dem Grillen in Salzwasser oder Bier eingeweicht werden.

Gepökeltes ist tabu Gepökeltes Schweinefleisch und gepökelte Bratwürste gehören nicht auf den Grill, denn Nitritpökelsalz wird zu krebserregendem Nitrosamin.

Dampf ablassen Schneiden Sie die Haut von Bratwürsten vor dem Grillen ein oder pieksen Sie sie mehrfach an, so kann der Dampf entweichen und die Haut platzt nicht auf.

GARZEITEN-TABELLE
Schwein und Wurst

Fleisch	Grilldauer	Grillmethode
Koteletts (2 cm)	8–10 Minuten	direkt
Schweinemedaillons (2 cm)	8–10 Minuten	direkt
Schulterbraten (1 kg)	ca. 1,5 Stunden	indirekt
Schweinefilet am Stück (800 g)	ca. 30 Minuten	direkt
Baby Back Ribs	3–4 Stunden	indirekt/geringe Hitze
Spareribs	5–6 Stunden	indirekt/geringe Hitze

MEXIKANISCHE CHILI-NACKENSTEAKS

ZUTATEN

250 ml Rapsöl
250 ml Rotwein
2 Zwiebeln
4 Knoblauchzehen
6 Chilischoten
3 Zweige Rosmarin
8 Nackensteaks
3 Tl Salz
6 El Tomatenmark
6 El Rapsöl
1 Tl Chilipulver
16 Scheiben Frühstücksspeck

1 Für die Marinade Öl und Rotwein in einen hohen Rührbecher geben. Zwiebeln und Knoblauch schälen, sehr fein hacken und unterrühren. Chilis waschen, halbieren, entkernen und fein hacken. Rosmarin waschen, trocken schütteln und die Nadeln hacken. Zusammen mit den gehackten Chilischoten zur Marinade geben.

2 Nackensteaks mit kaltem Wasser abspülen und trocken tupfen. In eine Auflaufform geben und die Marinade dazugeben. Die Auflaufform mit Frischhaltefolie abdecken und die Steaks über Nacht im Kühlschrank marinieren.

3 Am nächsten Tag die Steaks aus der Marinade nehmen, abtropfen lassen bzw. mit Küchenpapier trocken tupfen. Salz, Tomatenmark, Rapsöl und Chilipulver verrühren und die Nackensteaks damit gut einpinseln. Anschließend mit je 2 Scheiben Frühstücksspeck umwickeln.

4 Die Steaks auf den heißen Grillrost legen und von jeder Seite 5 Minuten grillen.

4

20 MIN.
(zzgl. Marinierzeit)

LEICHT

10 MIN.

DIREKT
(bei 250 °C)

OFFENER DECKEL

GLASIERTE SPARERIBS LAS VEGAS

ZUTATEN

2 kg Spareribs, in Stücke geteilt
Salz
Pfeffer
5 cm frische Ingwerwurzel
Saft von 1 Limette
150 ml Sojasauce
75 ml trockener Sherry
3 El Honig
3 El Kecap manis
1 Tl Sambal Oelek

1 Die Spareribs waschen, trocken tupfen und mit wenig Salz und Pfeffer würzen. Den Ingwer schälen und den Saft mit der Knoblauchpresse ausdrücken. Den Ingwersaft mit dem Limettensaft, der Sojasauce, dem Sherry, Honig, Kecap manis und Sambal Oelek verrühren und in einem Topf unter Rühren aufkochen. Abkühlen lassen.

2 Die Spareribs mit der Sauce überziehen und über Nacht im Kühlschrank marinieren. Mehrmals wenden.

3 Die Spareribs in eine Grillschale legen und bei 160 °C 3,5–4 Stunden indirekt und bei geschlossenem Deckel grillen. Kurz vor Garzeitende können die Spareribs noch direkt gegrillt werden. Das macht sie besonders knusprig. Während des Grillens öfter mit Marinade bestreichen.

4

10 MIN.
(zzgl. Marinierzeit)

MITTEL

4 STD.

DIREKT u. INDIREKT
(bei 160 °C)

GESCHLOSSENER DECKEL

TIPP

Die Ribs gelingen in einem Kotelett- bzw. Sparerib-Halter besonders gut.

SALBEI-MEDAILLONS MIT CHUTNEY

4

30 MIN.
(zzgl. Kochzeit)

MITTEL

15 MIN.

DIREKT
(bei 250 °C)

**OFFENER
DECKEL**

FÜR DIE SPIESSE
ca. 800 g Schweinefilet
Pfeffer
36 frische Salbeiblätter
12 Scheiben durchwachsener,
   geräucherter Speck
16 gefüllte grüne Oliven
4 El Olivenöl

**FÜR DAS RHABARBER-
CHUTNEY**
1 Stange Rhabarber
½ Tl abgeriebene
   Zitronenschale
2 cm Ingwer
45 g brauner Zucker
20 ml Weißweinessig
1 Prise Zimt
20 g Rosinen
Salz

1 Für das Chutney den Rhabarber waschen, trocken reiben, putzen und in kleine Stücke schneiden. Mit der Zitronenschale in einen Topf geben. Den Ingwer schälen, sehr fein hacken und mit allen anderen Zutaten für das Chutney bis auf Rosinen und Salz ebenfalls in den Topf geben. Unter Rühren aufkochen und ca. 15 Minuten sanft köcheln lassen.

2 Rosinen und etwas Salz dazugeben, weitere 4 Minuten köcheln lassen, dann in eine Schale oder ein Glas füllen und abkühlen lassen.

3 Das Schweinefilet enthäuten, kalt abspülen und trocken tupfen. Das Filet in 12 ca. 2 cm dicke Scheiben schneiden und pfeffern.

4 Salbeiblätter waschen und trocken tupfen. Auf jedes Medaillon 3 Salbeiblätter legen. Anschließend jeweils 1 Scheibe Speck um die Medaillons wickeln. Abwechselnd je 4 Oliven und 3 Medaillons auf Spieße stecken.

5 Die Spieße mit Öl bestreichen, auf den heißen Grillrost legen und ca. 15 Minuten grillen. Dabei einmal wenden. Mit dem Rhabarber-Chutney servieren.

SCHWEINEBAUCH MIT WEISSKRAUT

4

45 MIN.
(zzgl. Marinierzeit und
Zeit zum Ziehen)

MITTEL

15 MIN.

DIREKT
(bei 250 °C)

**OFFENER
DECKEL**

FÜR DEN SCHWEINE-BAUCH

1 kg Schweinebauch in
   dünnen Scheiben
3 El Senf
½ Tl Sambal Oelek
1 Tl brauner Zucker
2 El Zitronensaft
3 El Tomatenketchup
3 El gehackte Majoran-
   blättchen

FÜR DAS WEISSKRAUT

1 kleiner Kopf Weißkohl
3 Frühlingszwiebeln
je 1 grüne und rote Paprikaschote
2 Möhren
200 ml milder Weißweinessig
150 ml Rapsöl
75 g Zucker
1 Tl Salz
1 Tl Senf

1 Fleischscheiben waschen und trocken tupfen. Die Schwarte mehrmals einschneiden, damit sich die Scheiben beim Grillen nicht hochbiegen. Für die Marinade Senf, Sambal Oelek, braunen Zucker, Zitronensaft und Tomatenketchup miteinander verrühren. Die Fleischscheiben gut mit der Marinade einreiben, in eine Auflaufform legen und mit Frischhaltefolie abdecken. Mindestens 4 Stunden im Kühlschrank marinieren.

2 Vom Weißkraut die äußeren Blätter entfernen. Kohlkopf vierteln, den Strunk entfernen. Kohlkopf in feine Streifen hobeln. Frühlingszwiebeln waschen, trocknen, putzen und in feine Ringe schneiden. Die Paprikaschoten halbieren, Stielansätze herausschneiden, entkernen, waschen, trocken reiben und in dünne Streifen schneiden. Die Möhren putzen, schälen und raspeln.

3 Kohl, Zwiebeln, Paprika und Möhren in eine Salatschüssel geben. Aus Essig, Öl, Zucker, Salz und Senf eine Sauce anrühren und mit den übrigen Zutaten vermengen. Den Salat abdecken und einige Stunden ziehen lassen.

4 Das Fleisch aus der Marinade nehmen und trocken tupfen. Dann auf den heißen Grillrost legen und unter Wenden 10–15 Minuten knusprig grillen. Zum Schluss den Majoran darüberstreuen. Mit dem Weißkrautsalat servieren.

KREOLISCHE SPIESSE MIT MANGO-RELISH

4

30 MIN.
(zzgl. Marinierzeit)

MITTEL

12 MIN.

DIREKT
(bei 180–220 °C)

OFFENER DECKEL

FÜR DIE SPIESSE
4 lange, dünne Schweine-
schnitzel (à ca. 200 g)
2 Knoblauchzehen
8 El Rapsöl
Saft von 1 Limette
½ Tl Salz
1 Msp. Cayennepfeffer
1 Msp. geriebene Muskat-
nuss
1 Msp. gemahlene Nelken
1 Msp. Kreuzkümmel
1 Msp. Zimt
1 El gehackter Thymian

FÜR DAS RELISH
1 reife Mango
2 rote Chilischoten
2 cm Ingwer
2 Zweige Minze
2 El Limettensaft
Salz
Pfeffer
Honig

AUSSERDEM
8 gewässerte Holzspieße

1 Die Schweineschnitzel waschen, trocken tupfen und längs halbieren. In einen Gefrierbeutel legen. Für die Marinade den Knoblauch schälen und fein hacken. Mit den restlichen Zutaten vermengen und die Marinade in den Gefrierbeutel geben. Die Marinade in die Schnitzel einmassieren, den Beutel fest verschließen und die Schnitzel im Kühlschrank mindestens 3 Stunden marinieren.

2 Für das Relish die Mango schälen, das Frucht-fleisch vom Kern lösen und klein schneiden. Die Chilischoten längs halbieren, entkernen, die Stielan-sätze entfernen und Chilischoten grob hacken. Ingwer schälen und hacken, Minze waschen, trocken tupfen und die Blättchen abzupfen. Alles zusammen mit dem Limettensaft im Mixer pürieren. Mit Salz, Pfeffer und Honig abschmecken.

3 Die Schnitzel aus der Marinade nehmen und abtropfen lassen. Der Länge nach um die Spieße wickeln. Den Grillrost leicht ölen. Die Spieße auf den heißen Rost legen, mit etwas Marinade bestreichen und bei mittlerer Hitze 10–12 Minuten grillen. Dabei häufiger wenden. Sofort mit dem Relish servieren.

BIER-BRATWURST

ZUTATEN

3 große Zwiebeln
2 Tl Butter
3 El brauner Zucker
1 Tl gemahlenes Piment
Salz
Pfeffer
500 ml Bier
4 grobe Bratwürste
150 g geriebener Gouda
2 Tl getrockneter Thymian
4 Hotdog-Brötchen

1 Die Zwiebeln schälen und in gleichmäßige Ringe schneiden. Die Butter in einer Pfanne zerlassen und die Zwiebelringe darin anschwitzen. Den Zucker darüberstreuen und die Zwiebeln bei mittlerer Hitze karamellisieren lassen. Mit Piment, Salz und Pfeffer würzen und mit Bier ablöschen.

2 Die Würstchen mit einem Messer einstechen und in den Biersud geben. Bei mittlerer Hitze 10 Minuten schmoren lassen. Die Würstchen aus dem Sud nehmen. Die Zwiebeln mit einer Schaumkelle ebenfalls aus dem Sud nehmen und in eine Schüssel geben.

3 Den Käse in den Biersud geben und unter Rühren schmelzen. Die Sauce mit dem Thymian abschmecken.

4 Die Würstchen im direkten Bereich bei starker Hitze (250 °C) von allen Seiten goldbraun angrillen. Die Brötchen einschneiden und die Würstchen hineingeben. Die Zwiebeln über die Würstchen geben und mit der Sauce beträufeln.

4

15 MIN.

LEICHT

30 MIN.

DIREKT
(bei 250 °C)

OFFENER
DECKEL

TIPP

In einer gusseisernen Pfanne lassen sich die Zwiebeln natürlich auch auf dem Grill zubereiten. Dafür die Pfanne auf den Rost direkt über die Glut stellen.

BACON BOMB MIT GETROCKNETEN FRÜCHTEN

4

45 MIN.

MITTEL

2 STD.

INDIREKT
(bei 140–160 °C)

GESCHLOSSENER DECKEL

ZUTATEN

1 kg Rinderhackfleisch
3 El BBQ-Rub (Seite 22)
1 Zwiebel
150 g getrocknete Aprikosen
150 g Backpflaumen
150 g getrocknete Kirschen
50 g getrocknete Datteln
2 El Butter
200 ml Kirschsaft
500 g Bacon

AUSSERDEM

1 Handvoll Räucherchips
(Kirsche oder Birne)
Grillthermometer

1 Das Hackfleisch mit dem BBQ-Rub würzen, gut vermischen und 30 Minuten durchziehen lassen. In der Zwischenzeit die Zwiebel schälen und fein hacken. Das Trockenobst ebenfalls fein hacken. Die Butter in einem Topf zerlassen. Die Zwiebel und das Trockenobst dazugeben und 5 Minuten unter Rühren anschwitzen. Mit dem Kirschsaft ablöschen, aufkochen lassen, die Hitze reduzieren und 10 Minuten köcheln lassen. Anschließend vom Herd nehmen.

2 Den Bacon auf einem Bogen Backpapier zu einem Netz weben und das Hackfleisch darauf verteilen. Die Fruchtmasse in die Mitte geben und mithilfe des Backpapiers zu einer Bacon Bomb rollen.

3 Die Räucherchips auf den durchgeglühten Briketts verteilen. Die Bacon Bomb auf den indirekten Bereich (140–160 °C) legen, den Deckel schließen und bis zu einer Kerntemperatur von 68 °C räuchern.

PULLED PORK MIT BRATAPFEL-HONIG-RELISH

FÜR DAS PULLED PORK

2 kg Schweinenacken oder
-schulter
BBQ-Rub (s. S. 22)
mindestens 1 l Flüssigkeit
für die Schale (Wasser, Saft,
Bier o. Ä.)

FÜR DAS RELISH

2 große Äpfel (z. B. Braeburn)
1 rote Zwiebel
2 El Rotweinessig
½ El Senfkörner
je 1 Msp. gemahlener Zimt und
Kardamom
1 El Rosinen
1 El Rohrzucker
Salz
grob gemahlener Pfeffer

AUSSERDEM

große Holz-Chunks
BBQ-Sauce
Holzplanke (Apfel)

1 Den Grill für langes indirektes Grillen bei 110 °C vorbereiten: mit Briketts einen Minion-Ring einrichten und Holz-Chunks auflegen. Briketts und Chunks bereitlegen, damit bei sinkender Temperatur oder nachlassendem Rauch rasch nachgelegt werden kann.

2 Das Fleisch rundum kräftig mit BBQ-Rub einreiben und auf einer Grillschale mit Rost mittig über dem Minion-Ring platzieren. Etwa 1 Liter Flüssigkeit in die Schale geben, das erzeugt Feuchtigkeit und sorgt für mehr Saftigkeit. Mit einem Funk-Fleischthermometer versehen und ein Funk-Garraumthermometer neben das Fleisch legen.

3 Ist eine Kerntemperatur von idealerweise 90 °C im Fleisch erreicht, ist es fertig. Das Fleisch sollte in Alufolie gewickelt und in einer Isolierbox mindestens 30 Minuten ruhen, bevor es gepulled wird. Das Fleisch kann in feste Alufolie gewickelt etwa 5 Stunden warm gehalten werden.

4 Für das Relish die Äpfel schälen, vierteln und entkernen, die Zwiebel abziehen. Äpfel und Zwiebel auf einer Holzplanke auf dem Grill indirekt 20 Minuten weich garen. Äpfel und Zwiebel würfeln und mit Senfkörnern, Gewürzen und Rosinen mischen.

5 Das Fleisch mit Gabeln zerzupfen, mit BBQ-Sauce beträufelt und mit Relish servieren. Es schmeckt ganz einfach so oder schlicht auf knusprigen Brötchen oder Brot. Reste lassen sich ganz hervorragend weiterverwenden, etwa auf einem Burger (Seite 76).

4

10 MIN.

LEICHT

12-18 STD.

INDIREKT
(bei 110 °C)

GESCHLOSSENER
DECKEL

PULLED-PORK-BURGER MIT GRILLGEMÜSE

4

20 MIN.
(zzgl. Marinierzeit)

LEICHT

30 MIN.

DIREKT u. INDIREKT
(bei 200–220 °C)

**OFFENER u.
GESCHLOSSENER
DECKEL**

FÜR DAS GRILLGEMÜSE
2 große rote Paprikaschoten
1 Zucchini
4 große Champignons
100 g grünes Pesto

FÜR DEN BURGER
400 g Pulled Pork (Seite 75)
150 ml BBQ-Sauce
   (Seite 190)
4 Weizenbuns mit Sesam
4 Baconscheiben
Tomaten-, Gurken- oder
   Zwiebelscheiben
Cheddarscheiben

1 Für das Gemüse die Paprikaschoten halbieren, putzen, waschen und vierteln. Die Zucchini schälen und längs in Scheiben schneiden. Die Champignons putzen und quer in dicke Scheiben schneiden. Das Gemüse rundum mit Pesto bepinseln.

2 Das Pulled Pork gezupft in einer Edelstahlschale mit der BBQ-Sauce mischen und auf dem Grill im indirekten Bereich (200–220 °C) bei geschlossenem Deckel 15 Minuten erhitzen, dabei gelegentlich umrühren.

3 Das Gemüse direkt über der Glut auf jeder Seite 3–4 Minuten grillen, dann 10 Minuten im indirekten Bereich weiter garen. Die Buns halbieren und auf den Schnittflächen 1–2 Minuten indirekt auf dem Grill antoasten. Den Bacon auf einer Grillplatte im direkten Bereich in 2–3 Minuten knusprig grillen.

4 Die Buns mit Pulled Pork und nach Geschmack mit Tomaten-, Gurken- und/oder Zwiebelscheiben belegen, mit dem Käse toppen und den Burger im indirekten Bereich bei geschlossenem Deckel noch etwa 2 Minuten erwärmen, bis der Käse leicht geschmolzen ist. Den Speck aufsetzen und nach Geschmack mit BBQ-Sauce toppen.

LAMM

Lammfleisch steht für ganz viel Geschmack. Es eignet sich hervorragend zum Grillen. Passende Kräuter und Gewürze für Lamm sind Rosmarin, Thymian, Minze, Knoblauch oder Zitronenschale.

Fleischgenuss mit Eigengeschmack

Mastlämmer werden bis zu einem Alter von zwölf Monaten geschlachtet (danach handelt es sich um Schafe), bei Lämmern bis zu sechs Monaten handelt es sich um Milchlämmer. Es empfiehlt sich, das Fleisch jüngerer Tiere zu kaufen, denn es ist sehr zart und saftig. Als Faustregel

KERNTEMPERATUR-TABELLE
Lamm

Fleisch	Temperatur	Gargrad
Lammkarree	56–60 °C	rosa
	ab 61 °C	durch
Lammrücken	56–60 °C	rosa
	ab 61 °C	durch
Lammkeule	75 °C	wie geschmort
Lammlachse	56–60 °C	mürbe und zart
Burger/Hackfleisch	58 °C	medium

gilt: je jünger, desto saftiger. Beim Kauf unbedingt darauf achten, dass das Fleisch hell- bis dunkelrot und von Fettäderchen durchzogen ist. Das Fett sollte weiß sein – gelbstichiges Fett weist auf zu alte Tiere hin. Lammfleisch sollte nie vollständig durchgegart werden, sondern im Innern immer schön rosa schimmern.

Spezifische Eigenschaften von Lammfleisch ergeben sich vor allem durch die Region und die für die Region typische Fütterung der Tiere, die dem Fleisch Geschmack verleiht. Das Fleisch von Lämmern aus Küstenregionen mit Salzwiesen etwa schmeckt dezent salzig, das von Heidschnucken aufgrund von Heidegras leicht kräuterig-würzig. Viel Bewegung auf Koppeln und Deichen, aber auch auf Wanderschaft, lassen das Fleisch zart und dennoch fettarm werden.

Die besten Zuschnitte

Lammrücken Zu den besten Stücken gehört das Fleisch aus der breiten Rückenpartie. Sie besteht aus Kotelettstück, Lendenkotelett und Filets. Das Fleisch eignet sich hervorragend zum Grillen, es ist mager und zartfaserig. Die Filets sind klein, aber ganz besonders zart und saftig. Kleinere Rücken werden im Ganzen zubereitet, größere in Teilstücken oder ausgelöst.

Lammkoteletts Die Koteletts werden aus dem Rücken geschnitten. Bindegewebe, ein kleiner Fettrand und eine feine Mase-

rung halten das Fleisch beim Grillen saftig. Koteletts können als Kotelettstück (Karree) wie auch einzeln gegrillt werden. Von den kleinen Stielkoteletts gehören eine ganze Menge auf den Grill, wenn alle satt werden wollen und sollen. Am Knochen oder mit daran belassenem Fett gegrillt, bleibt das Fleisch besonders saftig.

Lammkeulen An den Keulen sitzt viel Fleisch. Dabei handelt es sich um besonders beliebte Stücke zum Grillen mit zartem, magerem Fleisch. Das Fleisch ist von kräftigerem Geschmack als etwa Filet. Kleinere Lammkeulen können im Ganzen zubereitet werden, große werden zerlegt beziehungsweise das Fleisch ausgelöst und zum Beispiel als Steaks zubereitet. Je jünger das Tier, desto heller das Fleisch. Belässt man das Fleisch am Knochen und/oder das weiße Fett daran, bleibt das Fleisch saftig. Für das Garen einer Lammkeule gibt es eine einfache Faustregel: etwa 30 Minuten pro 450 g Fleisch. Dann ist das Lamm herrlich zart und rosa.

Lammlachse Dabei handelt es sich um besonders zartes und mageres Muskelfleisch, das aus dem Rücken ausgelöst wird. Irreführenderweise werden die Lammlachse im Handel ab und an als Filet bezeichnet, was aber falsch ist. Das Fleisch kann im Ganzen, zu Medaillons geschnitten oder am Spieß gegrillt werden und empfiehlt sich für kurze Zubereitungen. Vor der Zubereitung sollte es von Sehnen befreit und mariniert werden, damit es nicht zu trocken wird. Weil sie so zart sind, sollten sie keinesfalls zu viel gewürzt oder zu lange mariniert werden.

LAMMKOTELETTS MIT HONIGGLASUR

4

15 MIN.

LEICHT

8 MIN.

DIREKT
(bei 200 °C)

OFFENER
DECKEL

ZUTATEN

75 ml Aceto balsamico
3 El Honig
Salz
Pfeffer
12 Lammkoteletts
2 El Olivenöl

1 Den Aceto balsamico mit dem Honig gut verrühren und mit Salz und Pfeffer würzen. Die Hälfte der Mischung beiseitestellen.

2 Die Lammkoteletts waschen, trocken tupfen, mit dem Olivenöl bestreichen und mit Salz und Pfeffer würzen. Auf dem heißen Grill von jeder Seite etwa 2 Minuten grillen. Mit Honigglasur bestreichen und auf jeder Seite 1 Minute weitergrillen.

3 Die Koteletts vom Grill nehmen und mit der beiseitegestellten Honigmischung bestreichen. In Folie wickeln und 5 Minuten ruhen lassen.

4 Die Lammkoteletts verteilen und mit dem in der Folie verbliebenen Fleischsaft beträufeln. Dazu schmeckt Chimichurri (Seite 188) und frisches Brot.

LAMMKARREE MIT ROTWEIN UND KRÄUTERN

4

25 MIN.
(zzgl. Marinierzeit)

LEICHT

25 MIN.

INDIREKT
(bei 130–160 °C)

**OFFENER
DECKEL**

ZUTATEN

2 Lammkarrees (à 600 g)
6 Knoblauchzehen
3 Frühlingszwiebeln
4 Tomaten
½ Bund glatte Petersilie
½ Bund Oregano
4 Zweige Thymian
2 El Senf
200 ml Rotwein
4 El Olivenöl
½ Tl Pfeffer
1 Tl Salz

1 Lammkarrees waschen und trocken tupfen. Knoblauch schälen und grob hacken. Die Frühlingszwiebeln putzen, waschen, trocknen und in Stücke schneiden. Die Tomaten waschen, putzen und zerteilen. Die Kräuter waschen, trocken tupfen und Blätter bzw. Nadeln abzupfen. Alle Zutaten für die Marinade im Mixer pürieren.

2 Das Fleisch in einen Gefrierbeutel geben, die Marinade dazugießen und etwas einmassieren. Im Kühlschrank mindestens 4 Stunden marinieren.

3 Das Fleisch aus der Marinade nehmen, trocken tupfen und bei mittlerer Hitze ca. 20 Minuten medium grillen. Soll das Fleisch durchgebraten sein, braucht es 25 Minuten. Nach Ende der Grillzeit das Fleisch in Alufolie wickeln und noch 5 Minuten ruhen lassen.

4 Lammkarrees aus der Folie nehmen und zwischen den Rippen in Koteletts schneiden. Sofort servieren.

LAMMLACHSE MIT SCHAFSKÄSE-DIP

FÜR DIE LAMMLACHSE

2 Bund Minze
1 El grobes Meersalz
150 ml Olivenöl
4 Lammlachse

FÜR DEN SCHAFSKÄSE-DIP

100 g Schafskäse
200 g Dickmilch
2 Knoblauchzehen
10 schwarze Oliven
1 Frühlingszwiebel
Salz
Pfeffer

1 Für die Marinade die Minze waschen, trocken schütteln, Blätter von den Zweigen zupfen und fein hacken. Mit dem Meersalz und dem Olivenöl verrühren. Das Fleisch waschen, trocken tupfen und in einen Gefrierbeutel legen. Die Marinade dazugießen, den Beutel fest verschließen und das Fleisch darin im Kühlschrank mindestens 12 Stunden, besser 24 Stunden marinieren.

2 Das Fleisch aus der Marinade nehmen, abtropfen lassen und mit Küchenpapier trocken tupfen. Die Lammlachse auf den heißen Grillrost legen und bei direkter Hitze (220 °C) von jeder Seite 2 Minuten grillen. Dann das Fleisch in den indirekten Bereich umsetzen und den Deckel des Grills schließen. Die Lammlachse bei 160 °C weitere 4 Minuten von jeder Seite garen.

3 Für den Dip den Schafskäse mit einer Gabel zerdrücken und mit der Dickmilch vermengen. Knoblauch schälen und fein hacken. Die Oliven entsteinen und hacken. Die Frühlingszwiebel putzen, waschen, trocknen und in feine Scheiben schneiden.

4 Knoblauch, Oliven und Frühlingszwiebel unter die Schafskäse-Dickmilch-Masse rühren und mit Salz und Pfeffer würzen. Lammlachse in dicke Scheiben schneiden und mit dem Schafskäse-Dip servieren.

4

30 MIN.
(zzgl. Marinierzeit)

MITTEL

8 MIN.

DIREKT u. INDIREKT
(bei 220 u. 160 °C)

OFFENER u. GESCHLOSSENER DECKEL

LAMMRÜCKEN AUF BOHNEN-TOMATEN-RAGOUT

4

25 MIN.
(zzgl. Marinierzeit)

MITTEL

10 MIN.

DIREKT u. INDIREKT
(bei 200–220 °C)

**OFFENER u.
GESCHLOSSENER
DECKEL**

ZUTATEN
500 g Stangenbohnen
4 Schalotten
1 Knoblauchzehe
250 g Cherrytomaten
2 Lammrücken mit Knochen
  (à ca. 350 g)
2 El Rapsöl
1 ½ El Tomatenmark
150 ml Lammfond
1 Zweig Bohnenkraut
Salz, Pfeffer, Muskat

AUSSERDEM
etwas Speisestärke zum
Abbinden
gusseiserne Pfanne

1 Bohnen putzen und in Streifen schneiden. Schalotten und Knoblauch schälen und fein würfeln, Cherrytomaten halbieren.

2 Lammrücken auf den Rost direkt über die Glut legen und von allen Seiten angrillen. Danach in den indirekten Bereich legen, den Deckel schließen und in etwa 10 Minuten bis zu einer Kerntemperatur von 60 °C garen.

3 Gusseiserne Pfanne auf den Rost direkt über die Glut stellen. Rapsöl in der Pfanne erhitzen und Schalotten darin anschwitzen. Das Tomatenmark unterrühren und kurz mitschwitzen. Bohnenstreifen hinzugeben und mit Lammfond ablöschen. Bohnenkraut und Knoblauch dazugeben und mit Salz, Pfeffer und Muskat würzen. Bei geschlossenem Deckel etwa 10 Minuten köcheln lassen.

4 Den fertigen Lammrücken noch 5 Minuten ruhen lassen. Cherrytomaten zum Ragout geben, mit Salz, Pfeffer und Muskat abschmecken und nach Geschmack mit etwas Speisestärke abbinden. Zusammen mit Lammrücken servieren.

LAMMBURGER MIT FETA UND TSATSIKI

FÜR DEN ROTKOHLSALAT

1 kleiner Rotkohl
1 Tl Salz
2 Schalotten
150 ml Rapsöl
1 El Zitronensaft
1 El brauner Zucker

FÜR DIE LAMMBURGER

800 g Lammfleisch (vom Metzger grob gewolft)
Salz
schwarzer Pfeffer

FERTIGSTELLEN

1–2 Fladenbrote
400 g Feta
200 g Tsatsiki oder Minz-Joghurt-Sauce (Seite 190)
200 g Cole Slaw (Seite 53)

1 Für den Rotkohlsalat den Kohlkopf vierteln, putzen, waschen und in feine Streifen hobeln. In einer großen Schüssel mit dem Salz bestreuen. Etwa 5 Minuten mit den Händen kräftig durchkneten, bis er weich und saftig ist. Die Schalotten schälen und fein würfeln. Mit den übrigen Zutaten zum Rotkoh geben und noch einmal alles gut vermischen. Den Salat abdecken und mindestens 30 Minuten, besser einige Stunden, ziehen lassen.

2 Lammhackfleisch mit den Händen kurz durchkneten, sodass es eine leichte Bindung bekommt. Mit Salz und Pfeffer würzen, dann zu 4 Pattys formen. Aus den Fladenbroten 4 Burgerbrötchen schneiden, die etwa die Größe der Pattys haben sollten. Den Feta in 8 Scheiben schneiden.

3 Auf dem Grill direkt über der Glut die Pattys von beiden Seiten jeweils 3 Minuten grillen. Dann im indirekten Bereich mit geschlossenem Deckel 6 Minuten weitergaren. Kurz vor dem Ende der Garzeit jeweils 2 Scheiben Feta auf die Pattys legen, damit der Käse schon etwas warm werden kann. Auch die halbierten Brotstücke etwa 1 Minute auf dem Grill anrösten, bis sie schön knusprig sind.

4 Auf die unteren Brothälften jeweils 1 großen Klecks Tsatsiki verteilen. Etwas Cole Slaw daraufgeben, dann das Patty mit dem Feta auflegen. Mit etwas Rotkohlsalat abschließen und den Brotdeckel aufsetzen. Die fertigen Burger sofort servieren und den übrigen Rotkohlsalat und das übrige Tsatsiki dazu reichen.

4

35 MIN.
(zzgl. Marinierzeit)

MITTEL

15 MIN.

DIREKT u. INDIREKT
(bei 200–220 °C)

OFFENER u. GESCHLOSSENER DECKEL

ZARTE LAMMKEULE

ZUTATEN

1 Lammkeule (1,8–2 kg, mit Knochen)
4 Zweige Rosmarin
10 Knoblauchzehen
Fleur de Sel
schwarzer Pfeffer
100 g weiche Butter
Couscoussalat (Seite 179) oder Zitronenkartoffeln (Seite 181) zum Servieren

1 Die Lammkeule parieren und den großen Röhrenknochen auslösen (oder bereits vom Metzger auslösen lassen). Rosmarin waschen und trocken schütteln. Die Knoblauchzehen abziehen und halbieren. Die jetzt leere Knochenhöhlung mit Knoblauch und den Rosmarinzweigen füllen, dann den Braten mit Küchengarn zusammenbinden. Auf dem Grill direkt über der Glut (220 °C) bei geöffnetem Deckel von allen Seiten etwa 10 Minuten anbraten, bis die Kruste schön kross ist.

2 Die Keule vom Grill nehmen, gleichmäßig mit Salz und Pfeffer einreiben. Anschließend die Butter auf dem Fleisch verteilen. Die Keule mindestens 2 Stunden auf dem Grill in der indirekten Zone bei geschlossenem Deckel oder im Smoker bei ca. 100 °C garen, bis sich das Fleisch mit einer Gabel gut vom Knochen lösen lässt und eine Kerntemperatur von 75 °C hat.

3 Zum Servieren die Lammkeule zerteilen, das Fleisch auf Tellern anrichten und mit Couscoussalat oder Zitronenkartoffeln servieren.

4

30 MIN.

MITTEL

3 STD.

DIREKT u. INDIREKT
(bei 220 °C u. 100–120 °C)

OFFENDER u. GESCHLOSSENER DECKEL

TIPP
Faustregel zum Garen: etwa 30 Minuten pro 450 g Fleisch.

LAMMKEBAB
MIT MINZJOGHURT

4

40 MIN.
(zzgl. Marinierzeit)

MITTEL

8 MIN.

DIREKT
(bei 250 °C)

**GESCHLOSSENER
DECKEL**

FÜR DEN KEBAB

500 g Lammnacken oder
  -schulter
1 Zwiebel
1 Knoblauchzehe
4–6 El Olivenöl
1 El Tomatenmark
1 Tl scharfes Paprikapulver
1 Tl Kreuzkümmel
1 Tl gemahlener Zimt
Salz
schwarzer Pfeffer
4 kleine grüne Spitzpaprika
8 Kirschtomaten

FÜR DEN MINZJOGHURT

4 Stängel frische Minze
250 g Joghurt
2 El Limettensaft
1 Tl Limettenabrieb
1 Prise Knoblauchpulver
Salz
schwarzer Pfeffer

AUSSERDEM

4 große Grillspieße
Couscoussalat (Seite 179)
  oder Fladenbrot zum
  Servieren

1 Das Fleisch in mundgerechte Würfel schneiden. Für die Marinade die Zwiebel schälen und reiben, den Knoblauch schälen und pressen. Zwiebel und Knoblauch mit Olivenöl, Tomatenmark sowie den Gewürzen zu einer Marinade verrühren und mit dem Fleisch in einen Gefrierbeutel geben. Gut vermengen, den Beutel fest verschließen und über Nacht in den Kühlschrank legen.

2 Für den Minzjoghurt die Minze waschen, trocken schütteln, die Blätter abzupfen und klein schneiden. Mit den übrigen Zutaten gut verrühren und abschmecken.

3 Für die Kebab-Spieße Spitzpaprika und Kirschtomaten waschen, putzen und nach Belieben in mundgerechte Stücke schneiden.

4 Das Fleisch aus der Marinade nehmen und abtropfen lassen, es darf aber ruhig noch reichlich Marinade daran haften bleiben. Fleischstücke, Paprika und Tomaten auf Spieße ziehen, mit übriger Marinade beträufeln und im direkten Bereich bei geschlossenem Deckel 8 Minuten unter Wenden grillen. Sofort mit Minzjoghurt und Couscoussalat oder Fladenbrot servieren.

GEFLÜGEL

GEFLÜGEL

Gute Qualität

Grundsätzlich eignet sich jedes Geflügel-fleisch von guter Qualität für den heimischen Grillrost. Frisches Geflügel erkennt man an straff anliegender Haut, keinesfalls darf es unangenehm riechen. Geflügelfleisch von guter Qualität ist von fester Konsistenz, dies zeugt von gutem Muskelgewebe, was wiederum auf ausreichende Bewegungs-freiheit der Tiere hinweist. Man sollte stets frisches Geflügel beim Bauern oder Fleischer des Vertrauens kaufen. Das hier angebotene Fleisch aus artgerechter Haltung mit Auslauf ist in der Regel deutlich hochwertiger und schmackhafter als das aus typischen Mast-betrieben, wo die Tiere innerhalb kürzester Zeit hochgezüchtet werden. Alter und Füt-terung spielen ebenfalls eine Rolle für den Geschmack. Bei Hähnchenfleisch zeugt eine gelbe Farbe von einer Fütterung mit Mais, sie macht das Fleisch besonders aromatisch.

Da Geflügelfleisch generell sehr mager ist, kaufen Sie es nach Möglichkeit immer mit Haut. Das in der Haut enthaltene Fett bewahrt das magere Fleisch beim Grillen vor dem Austrocknen und hält es zart.

Für den Grill geeignet

Ganze Tiere Ausgenommenes Geflügel im Ganzen wird auf dem Grill etwa am Dreh-spieß oder auf einer Halterung zubereitet und am Tisch zerteilt.

Geflügelkeulen Da sie über mehr Muskeln, Bindegewebe und etwas Fett verfügen, ist ihr Fleisch zwar weniger zart als das des Brustfilets, dafür aber auch aro-matischer. Sie sind von zarten Fettschichten durchzogen und bleiben daher beim Grillen am saftigsten. Keulen bestehen aus Unter- und Oberkeule, die sowohl einzeln als auch zusammen als ganzer Schenkel gegrillt werden können.

Geflügelbrust Die Brust mit großem Außen- und kleinem, sehr feinem Innenfilet ist mager und sehr zart. Auch die Geflügel-brust lässt sich gut auf dem Grill zubereiten, bedarf aber bei der Zubereitung Finger-spitzengefühl. Denn sie neigt aufgrund des geringen Fettanteils bei zu langer Grillzeit und zu hohen Temperaturen schnell zum Austrocknen. Im Geschmack ist das Fleisch eher zurückhaltend und wird durch Marina-den und Gewürze aromatisiert. Die Brust kann im Ganzen oder gewürfelt am Spieß gegrillt werden.

Hähnchenflügel besitzen zwar nicht sehr viel, dafür aber sehr aromatisches Fleisch. Besonders als Fingerfood sind die kleinen Happen auf Grill-Partys sehr beliebt. Geflügelfleisch harmoniert sehr gut mit Kräutern wie Basilikum, Thymian, Estragon, Koriander, Minze und Rosmarin. Auch Gewürze und Aromen wie Papri-kapulver, Zitrone, Knoblauch oder roter Pfeffer unterstützen den zarten Geflügel-geschmack.

Tipps & Tricks

Ab in den Kühlschrank Frisches Geflügel sollte zu Hause sofort aus der Verpackung genommen werden, auf einen Porzellanteller gelegt und mit Frischhaltefolie abgedeckt im Kühlschrank gelagert werden. Am besten piekst man kleine Löcher in die Folie, damit keine Staufeuchtigkeit entsteht, die die Keimzahl in die Höhe treibt und dafür verantwortlich ist, dass das Fleisch schneller verdirbt. Tiefgefrorenes Geflügel immer im Kühlschrank auftauen lassen. Dazu das Fleisch auf ein Gitter legen, damit das Fleisch nicht in der Auftauflüssigkeit liegt.

Hygiene ist ein Muss Da Geflügel sehr anfällig für Keime ist, müssen alle Arbeitsgeräte und die Hände sofort nach dem Kontakt mit rohem Geflügel gründlich und heiß mit Spülmittel gereinigt werden.

Mageres marinieren Fettarme Geflügelteile wie Hähnchenbrust vor dem Grillen mindestens 30 Minuten marinieren. Besonders aromatisch schmeckt Geflügel, wenn Sie es wie in Amerika üblich, einen Tag vor dem Grillen in eine Lösung aus Salz, Zucker und Wasser einlegen. Bei dem so genannten „Brinen" saugt sich das Fleisch mit der Flüssigkeit voll und behält sie zum großen Teil auch über der Hitze. Das Geflügel schmeckt so nicht nur saftiger, sondern auch besonders würzig.

Schenkel einschneiden Da bei Hähnchenschenkeln das Fleisch rund um das Gelenk am langsamsten gart, sollten sie zwischen dem Ober- und dem Unterschenkel eingeschnitten werden.

Chicken Wings aufspießen Spießen Sie die Hähnchenflügel am besten vor dem Grillen längs auf, sie liegen so auf dem Rost besser auf.

Haut einstechen Bei fettem Geflügel wie Gans oder Ente sollte die Haut vorsichtig mit einer Gabel eingestochen werden, damit das Fett austreten kann – so wird die Haut besonders knusprig.

Salmonellen abtöten Geflügelfleisch sollte immer durchgegart verzehrt werden, um eine mögliche Infektion mit Salmonellen zu verhindern.

GARZEITEN-TABELLE
Geflügel

Fleisch	Grilldauer	Grillmethode
Ganzes Hähnchen (2 kg)	ca. 90 Minuten	indirekt
Hähnchenkeulen	15–20 Minuten	direkt
Hähnchenflügel	18–20 Minuten	direkt
Hähnchenbrustfilet	10–12 Minuten	direkt

TANDOORI-HÄHNCHEN MIT MANGO-CHUTNEY

4

50 MIN.
(zzgl. Marinierzeit)

MITTEL

20 MIN.

DIREKT
(bei 200 °C)

OFFENER DECKEL

FÜR DAS HÄHNCHEN
1 kg Hähnchenkeulen
Salz
Saft von 1 Limette
1 Zwiebel
2 Knoblauchzehen
3 cm Ingwer
1 rote Chilischote
2 Tl Garam Masala
2 El Tandoori-Paste
450 g Naturjoghurt
2 El frisch gehackter
   Koriander

FÜR DAS MANGO-CHUTNEY
100 g Sultaninen
2 feste Mangos
1 Paprikaschote
2 rote Chilischoten
4 cm Ingwer
1 Knoblauchzehe
3 El gehackte Minzeblätter
2 El fein gehackte Kokos-
   nuss
1 Tl Salz
50 ml Zitronensaft

1 Die Hähnchenkeulen abspülen, trocknen und im Gelenk durchtrennen. Mehrmals mit einem spitzen Messer einschneiden. Mit Salz einreiben und mit Limettensaft beträufeln.

2 Zwiebel, Knoblauch und Ingwer schälen und jeweils sehr fein würfeln. Chilischote halbieren, putzen, waschen und in feine Scheiben schneiden. Mit Garam Masala, der Tandoori-Paste, dem Joghurt und dem Koriander verrühren. Die Hähnchenteile damit bestreichen und in eine flache Schüssel legen. Im Kühlschrank abgedeckt 12 Stunden marinieren.

3 Für das Chutney die Sultaninen in lauwarmem Wasser einweichen. Die Mangos schälen, das Fruchtfleisch vom Stein schneiden und fein würfeln. Die Paprika halbieren, putzen, waschen und in kleine Würfel schneiden. Chilischoten halbieren, putzen, waschen und sehr fein hacken. Ingwer und Knoblauch schälen und ebenfalls fein hacken.

4 Sultaninen abgießen. Mit den vorbereiteten Zutaten, den Minzeblättern, Kokosraspeln, Salz und Zitronensaft gut mischen. Alles abgedeckt ziehen lassen.

5 Die Hähnchenkeulen aus der Marinade nehmen, auf einen heißen, geölten Grillrost legen und unter mehrmaligem Wenden ca. 20 Minuten direkt grillen. Mit dem Chutney servieren.

GEFÜLLTE KRÄUTERPOULARDE

4

25 MIN.
(zzgl. Marinierzeit)

LEICHT

45 MIN.

INDIREKT
(bei 180–200 °C)

GESCHLOSSENER DECKEL

ZUTATEN

2 kleinere Poularden
  (à ca. 1 kg)
Meersalz
1 Bund Koriander
je 4 Zweige Thymian und
  Oregano
60 g Kräuterbutter (Seite 21)
5 El Olivenöl
Pfeffer
1 Tl Paprikapulver
½ Tl gemahlener Koriander

1 Die Poularden waschen, trocken tupfen und die Bürzel entfernen. Außen mit etwas Meersalz einreiben. Die Kräuter waschen und trocken schütteln. Blätter abzupfen, grob zerkleinern und mit der Kräuterbutter in die Bauchhöhlen der Poularden stecken. Flügel und Keulen mit Küchengarn festbinden oder mit Grillnadeln feststecken.

2 Olivenöl mit Pfeffer, Paprikapulver und gemahlenem Koriander verrühren und die Poularden damit bestreichen. Anschließend die Poularden auf einen Drehspieß stecken und auf mittlere Höhe hängen. Eine Alu-Schale mit Wasser füllen und unter den Poularden platzieren.

3 Bei mittlerer Hitze und geschlossenem Deckel ca. 45 Minuten indirekt grillen, bis die Kerntemperatur am dicksten Teil des Schenkels 75 °C beträgt. Beim Messen darauf achten, dass das Thermometer nicht den Knochen berührt. In der letzten halben Stunde immer wieder mit dem Gewürzöl bestreichen.

TIPP

Dazu schmeckt ein aromatischer, frischer Blattsalat, z.B. Feld- oder Rucolasalat.

CHILI-CHICKEN-WINGS MIT AVOCADOSALAT

FÜR DIE CHICKEN-WINGS

25–30 Hähnchenflügel
3 El Sojasauce
5 El flüssiger Honig
2 Tl gemahlener Ingwer
2 Tl Chilipulver
2 Tl gemahlener Koriander
1 El Zitronensaft
Salz
Pfeffer

FÜR DEN SALAT

1 Salatherz
2 Fleischtomaten
½ Salatgurke
½ Gemüsezwiebel
1 gelbe Paprikaschote
1 Orange
1 reife Avocado
10 grüne Oliven
Salz
Pfeffer
4 El Olivenöl
2 El milder Weißweinessig

1 Die Hähnchenflügel waschen, trocken tupfen und in eine flache Auflaufform legen. Für die Marinade Sojasauce, Honig und Ingwerpulver mit Chilipulver, gemahlenem Koriander und Zitronensaft verrühren. Mit Salz und Pfeffer abschmecken und die Hähnchenflügel damit bestreichen. 1 Stunde im Kühlschrank marinieren.

2 Die Hähnchenflügel aus der Marinade nehmen, in Grillschalen legen und auf dem heißen Grill unter mehrmaligem Wenden 20 Minuten bei geschlossenem Deckel grillen. Während des Grillens ab und an mit der Marinade bestreichen.

3 Für den Salat Salatblätter waschen, trocken schütteln und zerkleinern. Salat in eine Schüssel geben. Tomaten und Gurke waschen. Tomaten halbieren, die Stielansätze herausschneiden und die Tomaten in Scheiben schneiden. Gurke schälen und in Scheiben schneiden. Beides in die Salatschüssel geben.

4 Zwiebel schälen und in sehr dünne Scheiben hobeln. Paprika halbieren, putzen, waschen und in Streifen schneiden. Orange schälen und quer in Scheiben schneiden. Avocado schälen, entsteinen und das Fruchtfleisch in Spalten schneiden. Zwiebel, Paprika, Avocado und Orange in die Salatschüssel geben. Oliven darauf verteilen. Salzen, pfeffern und mit Öl und Essig beträufeln. Die Hähnchenflügel mit dem Salat servieren.

4

30 MIN.
(zzgl. Marinierzeit)

MITTEL

20 MIN.

DIREKT
(bei 200–220 °C)

GESCHLOSSENER DECKEL

HÄHNCHENBRUST IM PARMA-WRAP

4

30 MIN.
(zzgl. Marinierzeit)

LEICHT

20 MIN.

DIREKT u. INDIREKT
(bei 200 °C)

OFFENDER u.
GESCHLOSSENER
DECKEL

FÜR DIE HÄHNCHEN-BRUST
4 Hähnchenbrustfilets
150 g Naturjoghurt
Salz
Pfeffer
1 Tl Kurkuma
2 Knoblauchzehen
1 rote Chilischote

AUSSERDEM
150 g Mozzarella
1 Bund Basilikum
Pfeffer
4 Tl frisch gehackte Rosma-
rinnadeln
8 Scheiben Parmaschinken

1 Die Hähnchenbrustfilets waschen und trocken tupfen. Jeweils eine Tasche in die Filets schneiden. Für die Marinade Joghurt, Salz, Pfeffer und Kurkuma verrühren. Knoblauchzehen schälen und durch eine Presse dazudrücken. Chilischote halbieren, putzen, waschen, fein hacken und ebenfalls unterrühren.

2 Die Hähnchenbrüste in einen Gefrierbeutel geben. Die Marinade dazugeben und gut vermengen. Gefrierbeutel gut verschließen und das Fleisch über Nacht im Kühlschrank marinieren.

3 Die Filets in eine Grillschale legen und auf den heißen Grillrost legen. Von jeder Seite ca. 5 Minuten direkt grillen. Dann vom Rost nehmen. Mozzarella abtropfen lassen und in Scheiben schneiden. Basilikum abspülen, trocken schütteln, die Blätter abzupfen und grob zerkleinern. In jede Tasche Mozzarella und Basilikum geben, mit Pfeffer und gehacktem Rosmarin bestreuen und in jeweils 2 Scheiben Schinken wickeln.

4 Die Hähnchen-Wraps zurück in die Grillschale legen, den Deckel des Grills verschließen und die Filets bei geschlossenem Deckel ca. 10 Minuten indirekt weitergrillen.

BEER CAN CHICKEN MIT KNOBLAUCH-RUB

FÜR DEN RUB

3 Knoblauchzehen
2 Tl gemahlene Senfkörner
2 Tl Zwiebelpulver
2 El Paprikapulver
2 Tl Salz
2 Tl gemahlener Koriander
2 Tl gemahlener Kreuzkümmel
2 Tl gemahlener Pfeffer

FÜR DAS HÄHNCHEN

1 großes Hähnchen (ca. 2,5 kg)
100 ml Olivenöl
1 zimmerwarme Dose Bier (0,33 l)
4 Knoblauchzehen
2 Rosmarinzweige

AUSSERDEM

1 Geflügelhalter

1 Für den Rub Knoblauch schälen und fein hacken. Mit allen anderen Gewürzen vermengen. Das Hähnchen mit kaltem Wasser abspülen und trocken tupfen. Den Bürzel entfernen. Hähnchen von allen Seiten erst mit dem Olivenöl einreiben, dann mit dem Rub.

2 Den Geflügelhalter zu etwa drei Vierteln mit Bier füllen und das Hähnchen aufsetzen, sodass die Schenkelknochen den Boden berühren.

3 Bei indirekter mittlerer Hitze (zunächst ca. 180 °C) und mit geschlossenem Deckel ca. 90 Minuten grillen. Etwa 20 Minuten vor Ende der Garzeit kann die Temperatur auf 220 °C erhöht werden. An der dicksten Stelle des Schenkels sollte die Kerntemperatur 75 °C betragen.

4 Nach Ende der Garzeit das Hähnchen ca. 5 Minuten ruhen lassen, dann ganz vorsichtig von dem sehr heißen Geflügelhalter nehmen und dabei auf das heiße Bier achten. Das Hähnchen portionieren und servieren.

4

30 MIN.

LEICHT

90 MIN.

INDIREKT
(bei 180–220 °C)

GESCHLOSSENER
DECKEL

SIZILIANISCHES GRILLHUHN

4

25 MIN.

LEICHT

30 MIN.

DIREKT
(bei 200 °C)

OFFENER DECKEL

FÜR DAS HUHN

1 Poularde (ca. 1,5 kg)
75 g Butter
Salz
½ Tl Tabasco
3 Knoblauchzehen

FÜR DIE SAUCE

3 unbehandelte Orangen
2 unbehandelte Limetten
125 ml Olivenöl
3 El süße Chilisauce
2 El Zitronenlikör
12 schwarze Oliven
3 El frisch gehackter Kerbel

AUSSERDEM

Kerbel zum Garnieren

1 Die Poularde waschen, trocken tupfen und in etwa 10 Teile schneiden. Die Butter mit dem Salz und Tabasco mischen. Die Knoblauchzehen schälen und dazupressen. Eine cremige Paste rühren und die Poulardenstücke damit einreiben, auch unter der Haut. Die Teile auf dem heißen Grill 25–30 Minuten knusprig grillen.

2 In der Zwischenzeit für die Sauce die Orangen und Limetten heiß waschen. Von 1 Orange die Haut mit einem Zestenreißer abschälen, 2 Orangen und die Limetten auspressen. Das Olivenöl mit der Chilisauce und den Zitrussäften verrühren, Zitronenlikör und Oliven zugeben. Den Kerbel unter die Sauce rühren und diese kurz erwärmen.

3 Die gegrillten Poulardenteile mehrmals in der Sauce wenden. Die restliche Orange in Scheiben schneiden und das Grillhuhn mit Orangenscheiben und Kerbel garniert servieren. Die restliche Sauce mit Brot zum Grillhuhn reichen.

HÄHNCHEN IN MANGO-CHUTNEY-MARINADE

4

40 MIN.
(zzgl. Marinierzeit)

MITTEL

8 MIN.

DIREKT
(bei 200 °C)

GESCHLOSSENER DECKEL

FÜR DIE MARINADE

1 reife Mango
1 Schalotte
1 El Rapsöl
200 ml Apfelsaft
2 El Apfelessig
1 Tl Honig
6 El Erdnussöl
3 El Sojasauce
1 Bund Koriander
1 Tl gemahlener Kurkuma
Pfeffer

FÜR DAS HÄHNCHEN

4 Hähnchenkeulen
4 Hähnchenbrustfilets

1 Für die Marinade die Mango schälen, halbieren, entsteinen und das Fruchtfleisch würfeln. Die Schalotte schälen und fein hacken. Das Öl in einer Pfanne erhitzen und die Schalotte darin glasig dünsten. Mangostücke zugeben und unter Rühren 2 Minuten braten. Mit dem Apfelsaft ablöschen, Essig und Honig unterrühren und bei mittlerer Hitze unter Rühren 10 Minuten köcheln. Das Chutney abkühlen lassen.

2 In der Zwischenzeit die Hähnchenkeulen und -brustfilets unter kaltem Wasser abspülen und trocken tupfen. Keulen im Gelenk halbieren, Filets quer halbieren. Das Fleisch in eine Schale oder flache Auflaufform legen.

3 Das vollständig erkaltete Mango-Chutney mit Erdnussöl und Sojasauce gut verrühren. Den Koriander waschen, trocken schütteln, die Blätter abzupfen und fein hacken. Unter die Marinade rühren. Zum Schluss Kurkuma unterrühren. Das Fleisch großzügig mit frisch gemahlenem Pfeffer würzen und die Marinade darauf verteilen. Mit Klarsichtfolie abdecken und mindestens 8 Stunden im Kühlschrank marinieren.

4 Das Fleisch aus der Marinade nehmen und abtropfen lassen bzw. mit Küchenpapier abtupfen. Auf den heißen Grillrost legen und bei geschlossenem Deckel 10–12 Minuten grillen, dabei mehrmals wenden.

TIPP

Dazu passt Minz-Joghurt-Sauce (Seite 190).

HÄHNCHENBRUST MIT KAFFEE-PARMESAN-KRUSTE

4

15 MIN.
(zzgl. Ruhezeit)

LEICHT

90–120 MIN.

INDIREKT
(bei 200 °C)

**GESCHLOSSENER
DECKEL**

ZUTATEN

4 Hähnchenbrüste (à 250 g)
2 Tl Salz
2 Tl Zucker
1 Tl Pfefferkörner
½ Tl Knoblauchgranulat
½ Tl Backkakaopulver
¼ Tl Kreuzkümmelsamen
¼ Tl geräuchertes Paprika-
    pulver
¼ Tl Cayennepfefferpulver
1 Tl Kaffeepulver
½ Tl Instant-Kaffee
50 g Parmesan

AUSSERDEM

Grillthermometer

1 Alle Gewürze mit dem Kaffeepulver in einen Mörser geben und fein mahlen. Die Hähnchenbrüste mit 2/3 des Kaffee-Rubs einreiben und 3 Stunden Im Kühlschrank marinieren. Parmesan fein reiben und mit dem restlichen Rub vermengen.

2 Die marinierten Hähnchenbrüste auf den Rost in den indirekten Bereich geben und bei geschlossenem Deckel garen. Ab einer Kerntemperatur von 62 °C die Hähnchenbrüste mit dem Parmesan-Kaffee-Rub-Gemisch bestreuen und bis zu einer Kerntemperatur von 72 °C überbacken.

FISCH UND MEERESFRÜCHTE

FISCH

Fisch

Fisch macht Wurst & Co. zunehmend Konkurrenz auf dem Grill. Kein Wunder, ist er doch nicht nur köstlich und vielseitig, sondern obendrein auch noch leicht und gesund. Der im Handel erhältliche Fisch stammt heutzutage oftmals nicht direkt aus Meer, See oder Bach, sondern zu einem großen Teil aus Aquakulturen. Wild gefangener Fisch schmeckt im Vergleich zu Zuchtfisch oftmals aromatischer und hat ein festeres Muskelfleisch, da sich die Tiere mehr bewegen.

Egal, ob Wildfisch oder Zuchtfisch: Beim Einkauf von Fisch sollten Sie immer darauf achten, dass der Fisch nicht nach Fisch riecht, sondern frisch und angenehm nach Meer. Ganzer Fisch ist frisch, wenn seine Haut feucht und silbrig glänzt. Die Augen müssen klar und prall sein und sollten glänzen. Die Kiemen müssen hellrot sein und fest anliegen. Die Schleimhaut soll glatt sein und nicht schmierig riechen. Fisch sollte nach dem Einkauf sofort in den Kühlschrank gelegt werden und am Einkaufstag selbst oder spätestens am nächsten Tag verzehrt werden.

Fisch kann auf dem Grill sowohl im Ganzen als auch in Form von Filets (Stücke aus dem Längsschnitt des Fisches) bzw. Steaks (Stücke aus dem Querschnitt des Fisches) zubereitet werden. Für Letztere bieten sich vor allem fettreichere, festfleischige Fische

GARZEITEN-TABELLE
Fisch & Meeresfrüchte

	Grilldauer	Grillmethode
Fischfilet (2 cm)	8–10 Minuten	direkt
Ganzer Fisch (ca. 1 kg)	ca. 20 Minuten	direkt
	20–30 Minuten	indirekt
Hummer/Languste (ca. 900 g)	18–20 Minuten	direkt
Garnelen	2–5 Minuten	direkt
Kalmare	15–20 Minuten	direkt
Jakobsmuscheln	4–6 Minuten	direkt

wie Lachs, Schwertfisch, Seebarsch oder Thunfisch bzw. Fische mit Haut und Gräten an, da diese beim Grillen und Wenden nicht so leicht auseinander fallen. Grillen Sie Fischfilets mit weniger festem Fleisch bei direkter Hitze mit geschlossenem Deckel, so müssen sie nicht gewendet werden. Ansonsten bietet es sich an, Fischfilets in Alufolie gewickelt, auf einer Grillschale oder in einem speziellen Doppelrost (vgl. auch S. 128) zu grillen. Sollten die Filets direkt auf dem Grillrost gegrillt werden, müssen Grillrost und Fisch zuvor gründlich eingeölt werden, um ein Anhaften zu vermeiden. Beim Grillen ganzer Fische leistet ein Fischkorb gute Dienste. Für das Grillen ganzer Fische bieten sich beispielsweise Doraden, Forellen, Makrelen, Brassen, Rotbarben, Seezungen, Sardinen oder Lachsforellen an.

Meeresfrüchte

Auch Meeresfrüchte lassen sich auf dem Grill hervorragend und sehr geschmacksschonend zubereiten. Garnelen können einzeln oder auf Spieße gesteckt, mit oder ohne Schale, auf dem Rost gegrillt werden. Am saftigsten bleiben sie jedoch ungeschält, da die Schale das zarte Fleisch vor der Hitze schützt. Das Gleiche gilt für größere Krustentiere wie Langusten oder Hummer, die immer mit Schale gegrillt werden sollten. Dazu werden die Krustentiere halbiert und dann bei direkter mittlerer Hitze zunächst mit der Fleischseite nach unten gegrillt, dann auf der Schale fertig gegart.

Tintenfische eignen sich ebenfalls sehr gut zum Grillen. Sie können sowohl im Ganzen als auch in Ringe geschnitten gegrillt werden. Auch Muscheln wie Miesmuscheln, Austern oder Jakobsmuscheln entwickeln auf dem Grill ein ganz besonderes Aroma.

Tipps & Tricks

Feste Fische Bevorzugen Sie zum Grillen festfleischige Fische – sie fallen beim Grillen nicht so leicht auseinander und bleiben saftiger.

Richtig marinieren Verwenden Sie zum Marinieren keine Zitronensäure, da diese den Fisch brüchig macht. Fisch sollte zudem nicht zu lange mariniert werden, da das Fleisch sonst aufweicht. Beim Grillen sollte das Fischfleisch jedoch häufiger mit Marinade oder Öl bepinselt werden, damit es nicht austrocknet.

Gründlich einölen Ob Fischkorb, Grillschale oder Rost: Vor dem Grillen empfiehlt es sich, alles mit reichlich Öl zu bestreichen, damit der Fisch nicht daran festklebt.

Nicht zu heiß Setzen Sie Fisch beim Grillen nicht zu hohen Temperaturen aus, sonst leidet das Fleisch. Ausnahme: Sehr dünne Filets!

1x wenden Fische während der Grillzeit mit einem Pfannenwender möglichst nur ein Mal wenden, damit das Fleisch nicht zerfällt. Wenden Sie den Fisch erst, wenn er eine Kruste gebildet hat und sich selbständig vom Rost löst.

THUNFISCHSTEAKS MIT CHILI-TOMATEN-SALSA

FÜR DIE SALSA
100 g Schalotten
4 Tomaten
1–2 Chilischoten
2 El Sesam
Saft von 2 Limetten
50 ml Sojasauce
3 El Olivenöl
Salz
Pfeffer
1 El frisch gehackte Minze

FÜR DEN THUNFISCH
4 Thunfischfilets (à 200 g)
Meersalz
Pfeffer

1 Für die Chili-Tomaten-Salsa Schalotten schälen und sehr fein hacken. Tomaten ca. 30 Sekunden in kochendes Wasser legen, herausnehmen und kalt abschrecken. Anschließend die Tomaten häuten, Stielansätze entfernen, entkernen und das Fruchtfleisch würfeln.

2 Chilischoten halbieren, putzen, waschen und in feine Würfel schneiden. Schalotten, Tomaten und Chilischoten in eine Schüssel geben und mischen.

3 Sesam in einer Pfanne ohne Fett einige Minuten rösten, dann abkühlen lassen. Limetten-saft, Sojasauce, Olivenöl und Sesam unter die Tomatenwürfel rühren. Die Salsa mit Salz und Pfeffer abschmecken und zum Schluss die Minze unterrühren.

4 Thunfischfilets mit kaltem Wasser abspülen und trocken tupfen. Mit wenig Salz und reichlich Pfeffer würzen. Thunfischfilets auf den heißen, eingeölten Grillrost legen und von jeder Seite 2–3 Minuten grillen. Thunfischfilets mit der Salsa servieren.

4

30 MIN.

MITTEL

5 MIN.

DIREKT
(bei 220 °C)

OFFENER
DECKEL

SCHWERTFISCH MIT INGWER-DRESSING

4

25 MIN.

LEICHT

10 MIN.

DIREKT
(bei 220 °C)

OFFENER
DECKEL

FÜR DAS INGWER-DRESSING

½ Bund Frühlingszwiebeln
100 g frischer Ingwer
150 ml helle Sojasauce
1 El Sesamöl

FÜR DEN SCHWERT-FISCH

4 Schwertfischsteaks
  (à 150–200 g)
1 Eiweiß
1 rote Chilischote
180 g Sesamsamen

1 Für das Dressing die Frühlingszwiebeln putzen, waschen und fein hacken. Ingwer schälen und ebenfalls fein hacken. Frühlingszwiebeln und Ingwer in eine Schüssel geben und mit Sojasauce und Sesamöl verrühren.

2 Die Schwertfischsteaks mit kaltem Wasser abspülen und trocken tupfen. Das Eiweiß in einer Schüssel schaumig aufschlagen. Die Chilischote halbieren, putzen, waschen und sehr fein hacken.

3 Sesamsamen und Chili auf einem großen Teller mischen. Den Fisch zuerst durch das Eiweiß ziehen und dann in der Sesam-Chili-Mischung wälzen, bis er von allen Seiten gut bedeckt ist.

4 Die Schwertfischsteaks auf den eingeölten Grillrost legen und von jeder Seite ca. 5 Minuten grillen. Zwischendurch mit dem Dressing beträufeln. Dazu schmeckt ein Hülsenfrüchtesalat (Seite 176).

MARINIERTE SARDINEN MIT KRÄUTERSALAT

4

40 MIN.
(zzgl. Marinierzeit)

MITTEL

6 MIN.

DIREKT
(bei 220 °C)

OFFENER DECKEL

FÜR DIE SARDINEN

16 küchenfertige Sardinen
125 ml Olivenöl
2 El Limettensaft
1 Tl Salz
Pfeffer
2 Knoblauchzehen
1 rote Chilischote
3 El gehackte Kräuter der
  Provence

FÜR DEN KRÄUTERSALAT

50 g Rosinen
2 El weißer Traubensaft
1 Bund glatte Petersilie
25 g Pinienkerne
50 g Feta-Käse
3 El Olivenöl
2 Tl weißer Balsamicoessig
Salz
Pfeffer

AUSSERDEM

Limettenstücke zum
  Servieren

1 Die Sardinen aufklappen, flach drücken und die Mittelgräte entfernen. Die Fische der Länge nach halbieren, dann mit kaltem Wasser abspülen und trocken tupfen.

2 Für die Marinade Olivenöl, Limettensaft, Salz und Pfeffer verrühren. Knoblauch schälen, sehr fein hacken und unter die Marinade rühren. Chilischote halbieren, putzen, waschen und fein würfeln. Mit den Kräutern zur Marinade geben. Die Sardinenfilets in die Marinade legen und ca. 2 Stunden im Kühlschrank ziehen lassen.

3 Für den Salat Rosinen 10 Minuten im Traubensaft einweichen. Petersilie waschen, trocken schütteln, die Blätter von den Stielen zupfen und hacken. Pinienkerne 5 Minuten in einer Pfanne ohne Fett rösten.

4 Petersilie, Pinienkerne und Rosinen mit Traubensaft in eine Schüssel geben. Feta darüberkrümeln. Mit Olivenöl und Essig vermengen. Mit Salz und Pfeffer abschmecken.

5 Sardinenfilets aus der Marinade nehmen und mit Küchenpapier trocken tupfen. Dann jeweils 8 Filets auf einen Spieß stecken. Die Spieße auf einem mit Alufolie belegten Grillrost oder in einer Grillschale von jeder Seite 3 Minuten direkt grillen.

GARNELEN IM SPECKMANTEL

ZUTATEN

20 rohe Garnelen
2 Knoblauchzehen
6 El Olivenöl
1 Prise Meersalz
Pfeffer
1 Msp. Chilipulver
1 El frisch gehackte Oregano-
  blätter
Saft und Schale von
  1 unbehandelten Zitrone
20 Scheiben Frühstücksspeck

1 Die Garnelen schälen und den Darm entfernen. Mit kaltem Wasser waschen und mit Küchenpapier trocken tupfen. In einen Gefrierbeutel geben.

2 Für die Marinade die Knoblauchzehen schälen und durch eine Knoblauchpresse drücken. Mit Olivenöl, Meersalz, Pfeffer, Chilipulver, Oregano, Zitronensaft und -schale verrühren und zu den Garnelen gießen. Gut vermengen, den Beutel verschließen und die Garnelen 4–5 Stunden im Kühlschrank marinieren.

3 Anschließend die Garnelen aus der Marinade nehmen, abtropfen lassen und jede Garnele mit einer Scheibe Speck umwickeln. Jeweils 5 Garnelen auf einen Spieß stecken und auf dem heißen Grillrost von jeder Seite ca. 3 Minuten grillen. Dazu schmeckt Baguette.

4

20 MIN.
(zzgl. Marinierzeit)

MITTEL

6 MIN.

DIREKT
(bei 200 °C)

**OFFENER
DECKEL**

DORADE MIT KRÄUTERN UND ZITRONEN

4

🕐

20 MIN.

LEICHT

20 MIN.

🔥

DIREKT
(bei 220 °C)

OFFENER DECKEL

ZUTATEN

4 kleine, küchenfertige
    Doraden (à ca. 400 g)
Salz
Pfeffer
Saft von 2 Zitronen
3 Zweige Thymian
3 Zweige Oregano
5 Zweige Rosmarin
1 El Olivenöl
2 unbehandelte Zitronen

1 Doraden mit kaltem Wasser innen und außen abspülen und trocken tupfen. Innen und außen mit Salz und Pfeffer würzen. Mit dem Zitronensaft innen und außen beträufeln.

2 Die Kräuter waschen und trocken schütteln. Thymian- und Oreganoblättchen abzupfen und hacken, die Nadeln von einem Rosmarinzweig ebenfalls abzupfen und hacken. Die gehackten Kräuter in der Bauchöffnung der Fische verteilen und das Olivenöl darüberträufeln.

3 Die unbehandelten Zitronen waschen, trocken reiben und in Scheiben schneiden. Den Fisch in einen drehbaren Doppelrost legen und die Zitronenscheiben darauf verteilen. Rosmarin abspülen, trocken schütteln und jeweils einen Zweig auf die Fische legen. Rost schließen und die Fische auf dem heißen Grill von beiden Seiten ca. 10 Minuten grillen. Vor dem Servieren die Zitronenscheiben und die Rosmarinzweige entfernen.

SEEBARSCH MIT SALSA FRESCA

4

20 MIN.
(zzgl. Zeit zum Ziehen)

LEICHT

8 MIN.

DIREKT
(bei 220 °C)

**OFFENER
DECKEL**

FÜR DIE SALSA
3 große Fleischtomaten
1 Schalotte
2 Knoblauchzehen
1 rote Chilischote
Saft von 1 Zitrone
2 El Olivenöl
Salz, Pfeffer
3 El frisch gehackter
   Koriander

FÜR DEN FISCH
4 Seebarschfilets
2 El Rapsöl
Salz
Pfeffer

1 Für die Salsa die Tomaten kurz in kochendes Wasser tauchen, von Haut, Stielansatz und Kernen befreien und das Fruchtfleisch fein hacken.

2 Schalotte und Knoblauchzehen schälen und hacken. Die Chilischote halbieren, putzen, waschen und fein hacken. Die Zutaten mit Zitronensaft, 2 El Olivenöl, Salz, Pfeffer und dem Koriander gut verrühren und etwa 20 Minuten ziehen lassen.

3 Die Fischfilets waschen, trocken tupfen und mit dem Rapsöl einstreichen. Mit Salz und Pfeffer würzen. Auf dem heißen Grill von jeder Seite etwa 4 Minuten grillen. Die Filets vom Grill nehmen und mit der Salsa fresca garniert auf Tellern anrichten.

MARINIERTE SEETEUFEL-FEIGEN-SPIESSE

ZUTATEN

12 Seeteufelmedaillons
  (vom Fischhändler
  zuschneiden lassen)
1 Schalotte
1 Knoblauchzehe
1 Chilischote
3 El Sesamöl
3 El Sojasauce
Pfeffer
4 große frische Feigen
50 g Ziegenkäse
16 Scheiben Prosciutto

1 Die Seeteufelmedaillons waschen, trocken tupfen und in einen Gefrierbeutel geben. Für die Marinade Schalotte und Knoblauchzehe schälen und fein hacken. Chilischote halbieren, putzen, waschen und fein hacken.

2 Sesamöl, Sojasauce, Schalotte, Knoblauch und Chilischote in einer Schale zu einer Marinade verrühren und über die Seeteufelmedaillons gießen. Die Gefrierbeutel gut verschließen und die Medaillons darin 2–3 Stunden im Kühlschrank marinieren.

3 Die Seeteufelmedaillons mit Pfeffer bestreuen. Die Feigen waschen, trocknen und mit einem scharfen Messer vierteln. Den Käse in Würfel schneiden und jeweils ein Stückchen in ein Feigenviertel drücken. Feigenviertel jeweils in eine Scheibe Prosciutto wickeln.

4 Jeweils 3 Medaillons und 4 Feigen-Speck-Viertel auf Spieße stecken und auf einen heißen, geölten Grillrost legen. Von beiden Seiten ca. 4 Minuten direkt grillen.

4

30 MIN.
(zzgl. Marinierzeit)

LEICHT

8 MIN.

DIREKT
(bei 220 °C)

**OFFENER
DECKEL**

RED SNAPPER
MIT KORIANDERKRUSTE

4

15 MIN.
(zzgl. Marinierzeit)

MITTEL

8 MIN.

DIREKT
(bei 200 °C)

**OFFENER
DECKEL**

ZUTATEN

1 Zwiebel
½ Bund Frühlingszwiebeln
2 rote Chilischoten
2 cm frischer Ingwer
1 Knoblauchzehe
1 El frisch gehackter
  Thymian
1 Tl gemahlener Zimt
1 Tl gemahlener Piment
½ Tl gemahlene Nelken
Salz
Pfeffer
Saft von 1 Zitrone
50 ml Rapsöl
4 Red-Snapper-Filets
½ Bund Koriander

1 Die Zwiebel schälen, die Frühlingszwiebeln waschen und putzen, beide hacken. Die Chilischoten halbieren, putzen, waschen und hacken, Ingwer und die Knoblauchzehen schälen und beide hacken. Zwiebeln, Chili, Ingwer und Knoblauch mit Thymian und den Gewürzen mischen. Im Mixer mit dem Zitronensaft und dem Öl verrühren.

2 Die Fischfilets waschen, trocken tupfen und in eine Schale legen. Mit etwa einem Drittel von der Gewürzmischung bestreichen und etwa 20 Minuten im Kühlschrank durchziehen lassen.

3 Die Fischstücke mit der gewürzten Seite nach unten auf den Grill legen und etwa 4 Minuten grillen. Wenden und von der anderen Seite weitere 4 Minuten grillen. Dabei mit der restlichen Würzmischung bestreichen. Den Koriander waschen, trocken tupfen und hacken. Die Red-Snapper-Filets mit dem Koriander bestreut servieren.

GEFÜLLTE KALMARE MIT BASILIKUM-DIP

4

45 MIN.

MITTEL

20 MIN.

DIREKT
(bei 200 °C)

GESCHLOSSENER DECKEL

FÜR DIE KALMARE

500 g küchenfertige
   Kalmare mit Kopf
6 El Olivenöl
1 Tasse Semmelbrösel
4 Knoblauchzehen
2 El frisch gehackte glatte
   Petersilie
100 g geraspelter Pecorino
Salz
Pfeffer
3 El Limettensaft

FÜR DEN BASILIKUM-DIP

1 Bund Basilikum
4 El Gemüsebrühe
1 Knoblauchzehe
1 Tl Limettensaft
3–4 El Olivenöl
1 Prise Zucker
Salz
Pfeffer

1 Die Tintenfischtuben innen und außen gründlich säubern und waschen. Die Köpfe abtrennen und ebenfalls putzen. Alles in kochendem Salzwasser 1–2 Minuten vorkochen. Köpfe und Tentakeln fein hacken.

2 2 Esslöffel Olivenöl in einer Pfanne erhitzen und die Tintenfischstückchen darin kurz anbraten. Semmelbrösel zugeben und 3–4 Minuten leicht anrösten. Knoblauch schälen und dazupressen. Pfanne vom Herd ziehen und die Mischung abkühlen lassen. Petersilie unterrühren.

3 Pecorino unterrühren und mit Salz, Pfeffer und Limettensaft abschmecken. Die Tintenfischtuben mit der Masse füllen und die Öffnungen mit Zahnstocher verschließen. Das restliche Olivenöl mit etwas Salz und Pfeffer verrühren und die Tuben damit bestreichen.

4 Die Tintenfische auf den heißen, geölten Rost legen und von allen Seiten bei mittlerer Hitze 15–20 Minuten grillen. Zwischendurch immer wieder mit dem Öl bestreichen.

5 Für den Dip Basilikum waschen, trocken schütteln, die Blätter von den Stielen zupfen. Die Knoblauchzehe schälen und grob zerteilen. Zusammen mit den Basilikumblättern und den anderen Zutaten im Mixer fein pürieren. Mit Zucker, Salz und Pfeffer pikant abschmecken. Tintenfischtuben mit Basilikum-Dip servieren.

GERÄUCHERTER LACHS MIT MEERRETTICH-DIP

FÜR DEN LACHS

2 Tl Salz
1 Tl gemahlener Pfeffer
½ Tl getrockneter Thymian
½ Tl getrockneter Rosmarin
¼ Tl getrockneter Dill
¼ Tl Knoblauchgranulat
½ Tl Zucker
½ Tl Zwiebelgranulat
4 Lachsfilets (à 250 g)

FÜR DEN DIP

½ Bund glatte Petersilie
400 g Schmand (alternativ
    saure Sahne)
75–100 g geriebener Meerrettich
    aus dem Glas
Salz
Pfeffer

AUSSERDEM

Gemüsekorb
1 Handvoll Räucherchips (Buche)

1 Für den Lachs alle Gewürze vermengen und die Fleischseite der Lachsfilets damit bestreuen. 20 Minuten einwirken lassen.

2 Lachs mit der Hautseite in einen Gemüsekorb legen und diesen auf den indirekten Bereich stellen. Räucherchips auf die durchgeglühten Briketts geben und den Lachs 20 Minuten bei geschlossenem Deckel räuchern.

3 In der Zwischenzeit die Petersilie von den Stängeln zupfen und fein hacken. Schmand, Meerrettich und Petersilie vermengen, mit Salz und Pfeffer abschmecken.

4 Lachs vom Grill nehmen, von der Haut befreien und mit dem Meerrettich-Dip servieren.

4

10 MIN.
(zzgl. Ruhezeit)

MITTEL

20 MIN.

INDIREKT
(bei 200–220 °C)

GESCHLOSSENER DECKEL

STECKERLFISCHE MIT GURKENSALAT

4

15 MIN.
(zzgl. Marinierzeit)

MITTEL

40 MIN.

DIREKT
(bei 250 °C)

**OFFENER GRILL
OHNE ROST**

FÜR DIE FISCHE

4 küchenfertige Weißfische
(Makrele, Renke, Hering,
Forelle)
2 Knoblauchzehen
2 rote Chilischoten
8 El Sonnenblumenöl
Saft von ½ Zitrone
1 gehäufter Tl getrockneter
Rosmarin
Salz
schwarzer Pfeffer

FÜR DEN GURKENSALAT

1 ½ Gartengurken
2 El Dillspitzen
100 g Joghurt
2 El Zitronensaft
4 El Sonnenblumenöl
1 Prise Knoblauchpulver
Salz
schwarzer Pfeffer

AUSSERDEM

4 gewässerte Holzspieße
(am besten Steckerlfisch-
leisten)
Laugenbrötchen
Butter

1 Knoblauchzehen schälen, Chilischoten putzen und waschen, beides sehr fein hacken. Mit Öl, Zitronensaft und Rosmarin mischen und kräftig abschmecken. Die Fische waschen und trocken tupfen. Innen und außen mit Würzöl bestreichen und auf lange Spieße stecken.

2 Die Steckerl am Rand des Grills mit Abstand zueinander schräg in die Grillkohle stecken. Die Fische über der Glut langsam goldbraun und knusprig grillen. Das dauert 35–40 Minuten. Die Steckerl hin und wieder sehr vorsichtig drehen – dabei hitzebeständige Handschuhe tragen – und die Fische immer wieder mit dem restlichen Würzöl bestreichen.

3 Währenddessen für den Salat die Gurken waschen, putzen und in feine Scheiben hobeln. Aus den übrigen Zutaten eine Marinade herstellen und die Gurken damit anmachen. Zum heißen Fisch servieren und frische Laugenbrötchen und Butter oder Kartoffelsalat dazureichen.

FISCH-BURGER MIT DILLDRESSING

4

25 MIN.

LEICHT

6–8 MIN.

DIREKT u. INDIREKT
(bei 240 °C)

OFFENER DECKEL

FÜR DIE PATTYS

1 Scheibe Toastbrot
600 g Seelachsfilet
1 fein gewürfelte Zwiebel
1 El gehackte krause
  Petersilienblätter
1 Tl gehackte Estragon-
  blättchen
1 Ei
Salz
schwarzer Pfeffer
Paniermehl

FERTIGSTELLEN

4 Burger-Buns
1 Schälchen Brunnenkresse
½ Salatgurke
1 rote Zwiebel
100 g saure Sahne
2 El gehackter Dill
1 Spritzer Zitronensaft
Salz
schwarzer Pfeffer
Senf zum Bestreichen

1 Für die Pattys das Toastbrot entrinden und zu Bröseln mahlen oder reiben. Das Fischfilet mit dem Fleischwolf etwas gröber oder mit dem Pürierstab fein zerkleinern. Alle Zutaten bis auf die Gewürze und das Paniermehl in eine Schüssel geben und gut vermengen. Den Teig mit den Gewürzen nach Belieben abschmecken. Den Grill für direktes Grillen bei hoher Hitze (ca. 240 °C) vorbereiten.

2 Mit feuchten Händen aus dem Teig 4 Pattys formen und vorsichtig im Paniermehl wälzen. Im direkten Bereich und bei geschlossenem Deckel auf jeder Seite 3–4 Minuten grillen. Die Burger-Brötchen halbieren und die Schnittflächen kurz indirekt auf dem Grill antoasten.

3 Für die Toppings die Brunnenkresse abschneiden, waschen, trocknen und grob hacken. Die Salatgurke schälen und in Scheiben schneiden. Die Zwiebel abziehen und ebenfalls in Scheiben schneiden. Saure Sahne mit Dill verrühren und mit Zitronensaft, Salz und Pfeffer abschmecken.

4 Die unteren Brötchenhälften mit etwas Senf bestreichen, mit Brunnenkresse belegen und die Pattys darauf platzieren. Gurken- und Zwiebelscheiben darauf arrangieren und mit Brunnenkresse abschließen. Dilldressing darüber verteilen. Mit den oberen Brötchenhälften bedecken.

GEMÜSE UND VEGGIE

GEMÜSE UND VEGGIE

Ob als Beilage zu Kotelett & Co. oder als fleischlose Alternative für Vegetarier – Gemüse ist ideal, um gesunde und leichte Abwechslung auf den Grillrost zu bringen. Auch wenn das meiste Gemüse ganzjährig angeboten wird, sollten Sie generell einheimisches, saisonfrisches Gemüse bevorzugen, denn das ist besonders aromatisch, enthält die meisten Nährstoffe und ist auch preiswerter. Frisches Gemüse erkennen Sie daran, dass es knackig und prall ist sowie frei von Druck- oder gar Schimmelstellen.

Die meisten Gemüsesorten werden am besten im Gemüsefach des Kühlschranks gelagert. Es gibt allerdings einige Ausnah-men: Tomaten beispielsweise ist es zu kalt im Kühlschrank, sie sollten daher lieber bei Zimmertemperatur aufbewahrt werden.

Welches Gemüse ist geeignet?

Zum Grillen eignen sich sehr viele Gemüsesorten. Der Barbecue-Klassiker par excellence ist sicherlich der gegrillte Maiskolben.

Maiskolben Damit auf dem Grill gar werden, aber nicht verkohlen, empfiehlt es sich, sie 20–30 Minuten in kochendem Wasser vorzugaren und erst dann auf den heißen Rost zu legen.

GARZEITEN-TABELLE
Gemüse

Gemüse	Grilldauer	Grillmethode
Aubergine in Scheiben (1 cm)	6–8 Minuten	direkt
Champignons	6–8 Minuten	direkt
Kartoffeln, ganz	40–60 Minuten	indirekt
Kürbis, halbiert	45–60 Minuten	indirekt
Maiskolben	20–25 Minuten	direkt
Paprikaschoten	ca. 30 Minuten	indirekt
Spargel	4–6 Minuten	direkt
Tomaten, ganz	8–10 Minuten	direkt
Zucchini in Scheiben (1 cm)	3–5 Minuten	direkt

Folienkartoffel Gut in Folie eingepackt, kann die ungeschälte Kartoffel direkt in der schwachen Glut oder bei indirekter Hitze auf dem Grill gegart werden.

Champignons passen nicht nur zwischen Würstchen, Fleisch und Speck auf den Spieß. Auch pur mit etwas Öl, Salz und Pfeffer sind gegrillte Pilze ein Genuss.

Sommergemüse Tomaten, Zucchini, Auberginen, Paprikaschoten und Kürbisse bringen nicht nur Farbe auf den Grill: in flache Scheiben oder Streifen geschnitten und mit Olivenöl bestrichen, entwickeln sie auf dem Grill ein herrliches Aroma.

Stängelgemüse wie Spargel und Fenchel machen auf dem Grill eine gute Figur und schmecken gegrillt noch sehr viel aromatischer und intensiver als in gekochter Form.

Zwiebeln, Lauch und Frühlingszwiebeln bleiben aufgrund ihres hohen Wassergehalts auf dem Grill herrlich saftig. Durch das Grillen erhalten sie außerdem einen milderen und süßeren Geschmack.

Blattsalat Selbst feste Blattsalate wie Radicchio oder Chicoree lassen sich hervorragend grillen.

Nicht nur einzeln, auch als bunte Gemüsemischungen machen sich Kartoffeln, Zucchini, Paprika, Mais, Cocktailtomaten und Champignons gut. Hierfür wird das Gemüse in möglichst gleich große Stücke geschnitten, auf Spieße gesteckt und mit einem Gewürzöl bestrichen gegrillt.

Tipps & Tricks

Flach und fingerdick Schneiden Sie das Gemüse für den Grill in möglichst flache, jedoch nicht zu dünne Stücke bzw. Streifen, damit es gleichmäßig mit dem Grillrost in Berührung kommt.

Vorgaren Blanchieren Sie Gemüsesorten mit langer Garzeit vor dem Grillen kurz in kochendem Salzwasser vor.

Ölen, würzen, marinieren Ölen Sie das Grillgemüse vor dem Grillen mit einem hitzebeständigen Öl ein, damit es nicht kleben bleibt und würzen sie es dann kräftig mit Salz, Pfeffer und anderen Gewürzen. Alternativ können Sie es auch kurz in einer ölhaltigen Marinade ziehen lassen.

Die Größe entscheidet Kleine Gemüsesorten wie Pilze oder kleinere Gemüsestücke werden zum Grillen am besten aufgespießt oder auf Grillschalen gegrillt. Größere Gemüsestücke kommen direkt auf den Rost.

Nicht zu lange Grillen Sie Gemüse und Obst nicht zu lange, da es recht schnell gar ist und schnell verbrennt.

Nicht zu heiß Damit Gemüse nicht nur seinen Geschmack, sondern auch die Vitamine und Mineralstoffe behält, sollte es nicht zu heiß gegrillt werden.

Je fester, je besser Verwenden Sie zum Grillen möglichst festfleischige Gemüsesorten.

GEFÜLLTE KARTOFFELN MIT MOZZARELLA

4

20 MIN.
(zzgl. Garzeit)

LEICHT

30 MIN.

DIREKT u. INDIREKT
(bei 180–200 °C)

GESCHLOSSENER DECKEL

ZUTATEN

4 große Kartoffeln (à 250 g)
Salz
150 g geräucherter
   Mozzarella
20 g Parmesan
½ Bund Basilikum
3 El Sahne
20 g weiche Butter
1 El Senf
Cayennepfeffer

1 Die Kartoffeln gründlich waschen und ungeschält in Salzwasser fast gar kochen. Dann abgießen, abkühlen lassen und längs halbieren.

2 In der Zwischenzeit den Mozzarella in kleine Würfel schneiden, den Parmesan reiben, das Basilikum waschen, trocken schütteln und in feine Streifen schneiden.

3 Das Innere der Kartoffeln bis auf einen schmalen Rand an der Schale mit einem Löffel herauslösen. Die Kartoffelmasse mit Sahne, Butter, Senf und Parmesan verrühren und mit Salz und Cayennepfeffer abschmecken. Die Mozzarellawürfel und das Basilikum unterheben. Die Masse wieder in die Kartoffelhälften füllen. Bei hoher indirekter Hitze ca. 30 Minuten bei geschlossenem Deckel grillen, bis der Käse anfängt zu schmelzen. Nach Belieben in einer Grillschale wenden und direkt grillen, bis eine Kruste entsteht.

RÖSTBROT MIT KARAMELLZWIEBELN

FÜR DIE MARINADE
1 rote Chilischote
1 El Walnussöl
1 El Sojasauce
1 El flüssiger Honig
½ Tl Salz

FÜR DAS RÖSTBROT
20 Frühlingszwiebeln
2 El gehackte glatte Petersilie
4 dicke Scheiben Roggen-
   mischbrot
2 Knoblauchzehen

1 Für die Marinade die Chilischote halbieren, putzen, waschen und in feine Würfel schneiden. Das Walnussöl mit Sojasauce und Honig mischen, die Chilischote und das Salz unterrühren.

2 Die Frühlingszwiebeln waschen, trocknen und putzen. Größere Frühlingszwiebeln quer halbieren. Die Frühlingszwiebeln bei mittlerer Hitze auf den Grillrost legen und mit der Marinade bestreichen. Zwiebeln nach 10 Minuten wenden und erneut mit der Marinade bestreichen. Weitere 10 Minuten grillen bzw. so lange, bis die Frühlingszwiebeln leicht gebräunt sind.

3 Frühlingszwiebeln vom Grill nehmen und in ca. 4 cm große Stücke schneiden. Mit der restlichen Marinade und der Petersilie mischen.

4 Die Brotscheiben einige Minuten auf dem Grill rösten. Knoblauchzehen schälen und halbieren. Jeweils eine Scheibe Brot mit einer halben Zehe einreiben. Dann die Frühlingszwiebelmischung darauf verteilen und sofort servieren.

4

20 MIN.

LEICHT

20 MIN.

DIREKT
(bei 250 °C)

OFFENER
DECKEL

KARTOFFELSPIESSE MIT WALNUSS-PISTOU

4

30 MIN.
(zzgl. Marinierzeit)

MITTEL

20 MIN.

DIREKT
(bei 220 °C)

OFFENER DECKEL

FÜR DIE SPIESSE

500 g kleine, neue Kartoffeln
250 g Schalotten
2 Knoblauchzehen
1 rote Chilischote
3 El Rapsöl
1 Tl abgeriebene Limettenschale
Salz
Pfeffer
½ Tl gemahlener Koriander

FÜR DAS PISTOU

1 Knoblauchzehe
½ Bund Basilikum
20 g Walnüsse
3 El Olivenöl
Salz
Pfeffer

1 Kartoffeln gründlich waschen und in Wasser ca. 8 Minuten vorkochen. Schalotten mitsamt der Schale nach 5 Minuten zu den Kartoffeln geben und 3 Minuten mitgaren. Abgießen und die Schalotten schälen.

2 Für die Marinade den Knoblauch schälen und hacken. Die Chilischote halbieren, putzen, waschen und ebenfalls hacken. Mit Rapsöl, Limettenschale, Salz, Pfeffer und Koriander mischen. Kartoffeln und Schalotten in eine flache Schale legen und mit der Marinade übergießen. 1 Stunde im Kühlschrank darin ziehen lassen.

3 Für das Pistou den Knoblauch schälen, Basilikum waschen, trocken schütteln und die Blättchen abzupfen. Beides zusammen mit den Walnüssen und dem Olivenöl im Mixer zerkleinern, bis eine dicke Paste entsteht. Mit Salz und Pfeffer abschmecken.

4 Kartoffeln und Schalotten abwechselnd auf Spieße stecken und von beiden Seiten ca. 10 Minuten auf dem heißen Grillrost garen. Zwischendurch immer wieder mit der Marinade bestreichen. Pistou zu den Spießen servieren.

GEFÜLLTE TERIYAKI-PAPRIKASCHOTEN

4

30 MIN.
(zzgl. Marinierzeit)

MITTEL

30 MIN.

INDIREKT
(bei 180 °C)

**GESCHLOSSENER
DECKEL**

ZUTATEN

2 Scheiben Weißbrot
1 Tl Rapsöl
4 rote Paprikaschoten
5 El Teriyakisauce
30 g in Öl eingelegte,
   getrocknete Tomaten
10 grüne Oliven, ohne Stein
200 g Frischkäse
50 g Kapern
60 g geriebener Ziegengouda
Salz
Pfeffer
1 El frisch gehackter Dill
8 Scheiben Frühstücksspeck

1 Das Weißbrot entrinden und in kleine Würfel schneiden. Rapsöl erhitzen und die Brotwürfel darin knusprig braten. Vom Herd nehmen und abkühlen lassen. Die Paprikaschoten halbieren, putzen, waschen und trocken tupfen. Innen mit 3 El Teriyakisauce bestreichen.

2 Die Tomaten abtropfen lassen und in kleine Würfel schneiden. Oliven ebenfalls fein würfeln. Frischkäse mit Tomaten, Oliven, Kapern und Ziegenkäse verrühren. Restliche Teriyakisauce unterrühren, mit Salz und Pfeffer abschmecken. Dill und geröstete Brotwürfel unterheben.

3 Die Paprikahälften damit füllen und mit je 1 Scheibe Frühstücksspeck umwickeln. Die Paprikaschoten in einer Grillschale indirekt bei geschlossenem Deckel ca. 30 Minuten grillen.

ZITRONE MIT MOZZARELLA

4

20 MIN.
(zzgl. Marinierzeit)

LEICHT

15 MIN.

INDIREKT
(bei 200 °C)

**GESCHLOSSENER
DECKEL**

ZUTATEN

2 große, unbehandelte
  Zitronen
2 Mozzarella-Kugeln
  (à 125 g)
8 Kirschtomaten
1 rote Chilischote
8 grüne Oliven, ohne Stein
4 Sardellenfilets
1 Handvoll Basilikum-
  blättchen
Salz
Pfeffer

1 Zitronen gründlich waschen, trocken tupfen, halbieren und den Saft auspressen. Das Fruchtfleisch grob herauskratzen, Saft für etwas anderes verwenden. Von den Zitronenhälften unten ein Stück abschneiden, damit die Früchte besser stehen.

2 Mozzarella abtropfen lassen. Die Hälfte in Würfel, die andere Hälfte in Scheiben schneiden. Kirschtomaten waschen und die Stielansätze entfernen. Die Chilischote halbieren, putzen, waschen und fein hacken.

3 In jede Zitronenhälfte einige Mozzarellawürfel legen. Dann je 2 Kirschtomaten, einige Chiliwürfel, 2 Oliven, 1 Sardellenfilet und einige Basilikumblättchen daraufgeben.

4 Zum Schluss mit Salz und Pfeffer bestreuen und mit einer Scheibe Mozzarella belegen. Die Zitronenhälften indirekt bei geschlossenem Deckel ca. 15 Minuten grillen. Der Käse sollte geschmolzen sein und leicht Farbe angenommen haben.

BOURBON-BBQ-BEANS

ZUTATEN

250 g getrocknete Kidney-
  bohnen
70 g Augenbohnen
70 g Pintobohnen
70 g weiße Bohnen
150 g durchwachsener Speck
2 Zwiebeln
300 ml Barbecue-Sauce
  (Seite 157)
200 ml passierte Tomaten
Salz
Pfeffer
1 gute Prise gemahlener Kreuzkümmel
1 Prise Chilipulver
1 guter Schuss Whiskey

1 Die Bohnen in einen großen Topf mit kaltem Wasser geben und über Nacht darin einweichen (die Bohnen müssen während der Einweichzeit vollständig mit Wasser bedeckt sein). Am nächsten Tag abgießen, frisches Wasser zugeben, nicht salzen und aufkochen lassen. Die Bohnen bei milder Hitze ca. 60 Minuten garen. Abgießen und abkühlen lassen.

2 Den durchwachsenen Speck in kleine Würfel schneiden. Die Zwiebeln schälen und fein würfeln. Eine feuerfeste Pfanne auf den heißen Grillrost stellen und den Speck darin knusprig ausbraten. Zwiebeln hinzugeben und unter Rühren einige Minuten anbraten. Dann die gekochten Bohnen, die Barbecue-Sauce und die passierten Tomaten zugeben. Mit Salz, Pfeffer, Kreuzkümmel und Chili abschmecken und einen guten Schuss Whiskey unterrühren.

3 Die Form aus der direkten Hitze nehmen und die Bohnen indirekt ca. 60 Minuten bei milder Hitze grillen. Mit knusprigem Brot servieren.

6

20 MIN.
(zzgl. Einweich-
und Garzeit)

LEICHT

70 MIN.

DIREKT u. INDIREKT
(bei 180–200 °C)

**GESCHLOSSENER
DECKEL**

BURGER MIT PESTOGEMÜSE UND GRILLKÄSE

4

20 MIN.
(zzgl. Marinierzeit)

LEICHT

6 MIN.

DIREKT u. INDIREKT
(bei 180–200 °C)

**GESCHLOSSENER
DECKEL**

ZUTATEN

1 kleine Zucchini
1 große Karotte
2 Stangen Staudensellerie
4 El grünes Pesto
1 Ochsenherztomate
Salz
schwarzer Pfeffer
200 g Grillkäse
4 Focaccia
1 El Olivenöl
1 Bund Rucola

1 Zucchini, Karotte und Staudensellerie waschen, putzen, mit dem Sparschäler in dünne Streifen schneiden und mit dem Pesto marinieren. Die Tomate waschen, in 8 dünne Scheiben schneiden und mit Salz und Pfeffer würzen. Den Rucola waschen und trocken schütteln.

2 Den Grillkäse in 8 dünne Scheiben schneiden. Auf dem Grill indirekt bei geschlossenem Deckel auf jeder Seite etwa 3 Minuten grillen. Zeitgleich die Focaccia auf den direkten Bereich legen, ebenfalls jede Seite 3 Minuten grillen. Die Buns aufschneiden, mit etwas Olivenöl einpinseln, den unteren Teil mit Tomatenscheiben und mariniertem Gemüse belegen. Die gegrillten Käsescheiben auf dem Gemüse anrichten und den Rucola darauf verteilen. Die obere Brötchenhälfte aufsetzen und sofort servieren.

SÜSSKARTOFFELN MIT KIRSCH-SALSA

ZUTATEN

1 rote Zwiebel
½ gelbe Paprika
1 El eingelegte Jalapeños
2 El fein gehackte Macadamia-
  nüsse
80 g getrocknete Sauerkirschen
2 El Kirschkonfitüre
1 El fein gehackter Koriander
2 El frisch gepresster
  Limettensaft
4 kleine Süßkartoffeln
  (à ca. 250 g)
Olivenöl zum Bestreichen
Salz
schwarzer Pfeffer
4 El Ponzu-Sauce (FP)

1 Die Zwiebel schälen und fein würfeln. Die Paprika waschen, putzen und ebenfalls in feine Würfel schneiden. Die Jalapeños fein hacken, die Macadamias in einer Pfanne ohne Fett goldbraun anrösten und die Sauerkirschen fein hacken. Alles in eine Schüssel geben und mit Kirschkonfitüre, Koriander, 1 Esslöffel Wasser und dem Limetten-saft verrühren und beiseitestellen.

2 Die Süßkartoffeln waschen, der Länge nach in etwa 0,5 cm dicke Scheiben schneiden und dünn mit Olivenöl bestreichen. Mit Salz und Pfeffer wür-zen. Im indirekten Bereich und bei geschlossenem Deckel 12 Minuten grillen, dabei nach 6 Minuten wenden.

3 Die Ponzu-Sauce in einen tiefen Teller geben. Die gegrillten heißen Süßkartoffelscheiben kurz durch die Ponzu-Sauce ziehen und auf Tellern mit etwas Kirsch-Salsa anrichten.

4

25 MIN.

MITTEL

12 MIN.

INDIREKT
(bei 180 °C)

GESCHLOSSENER
DECKEL

BEILAGEN, BROT UND PIZZA

SALBEIBROT MIT KNOBLAUCH-DIP

4

35 MIN.

MITTEL

4 MIN.

DIREKT
(bei 200–220 °C)

OFFENER DECKEL

FÜR DEN DIP

250 g Magerquark
200 g Crème fraîche
4 Knoblauchzehen
Salz
Pfeffer
2 Tomaten
1 Bund Schnittlauch

FÜR DAS BROT

160 g Weizenmehl,
    Type 405
90 g feiner Grieß
1 Tl Salz
1 El frisch gehackte
    Salbeiblätter
2 El Olivenöl
Fleur de Sel

AUSSERDEM

Mehl für die Arbeitsfläche

1 Für den Dip Quark und Crème fraîche verrühren. Die Knoblauchzehen schälen und durch eine Knoblauchpresse dazudrücken. Mit Salz und Pfeffer abschmecken.

2 Die Tomaten waschen, trocknen und die Stielansätze herausschneiden. Tomaten in kleine Würfel schneiden. Schnittlauch waschen, trocken schütteln und in Röllchen schneiden. Tomaten und Schnittlauch unter den Dip rühren.

3 Für das Brot das Mehl in eine große Rührschüssel sieben. Grieß, Salz und gehackten Salbei dazugeben. 150 ml warmes Wasser dazugießen und die Zutaten zu einem Teig verarbeiten. Den Teig aus der Schüssel nehmen und auf einer mit Mehl bestäubten Arbeitsfläche 2 Minuten lang kneten. Klebt der Teig, ein wenig mehr Mehl unterkneten.

4 Den Teig achteln und bis zur weiteren Verarbeitung mit einem feuchten Küchenhandtuch abdecken. Ein Teigstück nehmen und auf bemehlter Arbeitsfläche zu einem dünnen Kreis ausrollen. Mit dem restlichen Teig so fortfahren.

5 Die Teigfladen auf den heißen Grillrost legen und 2 Minuten von jeder Seite direkt grillen, bis die Oberfläche Blasen wirft. Das warme Brot mit Olivenöl bestreichen und mit Fleur de Sel bestreuen. Sofort zum Dip servieren.

PULL APART BREAD

8

15 MIN.

LEICHT

15 MIN.

INDIREKT
(bei 180–200 °C)

**GESCHLOSSENER
DECKEL**

ZUTATEN

1 möglichst rundes Brot
   (750 g)
4 Knoblauchzehen
3–4 frische Rosmarinzweige
200–250 g dünn geschnit-
   tener, herzhafter roher
   Schinken
300 g würziger Käse (alter
   Gouda, Cheddar, Comté,
   Leerdamer)
2–3 El gesalzene Butter

1 Das Brot diagonal im Abstand von ca. 2 cm sehr tief bis ungefähr 1,5 cm über der Unterseite einschneiden. Den Knoblauch schälen und in feine Stifte oder Scheiben schneiden. Die Rosmarinzweige waschen, trocken schütteln und die Nadeln von den Zweigen zupfen, dann grob hacken. Den Schinken grob zerzupfen und den Käse in dicke Scheiben schneiden.

2 In die Schnitte im Brot Butterflocken und Knoblauchstückchen geben, dann mit Schinken und gut der Hälfte der Kräuter füllen. Zum Schluss den Käse hineinstecken, er sollte etwas aus dem Brot herausschauen, und mit den übrigen Kräutern bestreuen. Das Brot auf einen Rost und diesen in eine Aluschale setzen. Im indirekten Bereich und geschlossenem Deckel 12–15 Minuten grillen, bis der Käse geschmolzen ist (zwischendurch prüfen), und noch heiß genießen.

FLAMMKUCHEN MIT GERÄUCHERTER FORELLE

ZUTATEN

2 Forellenfilets
1 Birne
1 Radicchio
4 Tl Birnensenf
100 g Schmand (alternativ saure
  Sahne)
Salz
Pfeffer
4 Flammkuchenböden aus dem
  Kühlregal (FP)
100 g Gorgonzola

AUSSERDEM

Pizzastein

1 Die Forellenfilets in kleine Stücke schneiden. Die Birne halbieren, das Kerngehäuse entfernen und die Birne in feine Streifen schneiden. Den Radicchio ebenfalls in feine Streifen schneiden. Birnensenf und Schmand zu einer Creme mischen und mit Salz und Pfeffer abschmecken.

2 Einen Pizzastein auf dem Rost im indirekten Bereich 15 Minuten heiß werden lassen. Die Flammkuchenböden mit der Creme bestreichen und mit den Forellenfilets sowie der Birne belegen. Den Gorgonzola zerbröseln und darüberstreuen.

3 Die Flammkuchen auf den Pizzastein geben und bei geschlossenem Deckel goldbraun backen. Den geschnittenen Radicchio über den fertigen Flammkuchen verteilen.

4

10 MIN.

LEICHT

10 MIN.

INDIREKT
(bei 180–220 °C)

**GESCHLOSSENER
DECKEL**

GRATINIERTES SPINAT-KÄSE-BAGUETTE

4

15 MIN.

LEICHT

20 MIN.

INDIREKT
(bei 140–160 °C)

**GESCHLOSSENER
DECKEL**

ZUTATEN

100 g Spinat (TK)
1 Knoblauchzehe
1 Schalotte
100 g Walnusskerne
250 g Gruyère oder Gouda
  (mittelalt)
250 g Crème fraîche
geriebene Muskatnuss
Salz
Pfeffer
1 Baguette

1 Den Spinat auftauen lassen und gut ausdrücken. Knoblauch und Schalotte schälen, in feine Würfel schneiden und mit dem Spinat vermengen. Die Walnüsse grob hacken. Den Käse reiben. Crème fraîche, Käse und Walnüsse zum Spinat geben und vermengen. Mit Muskat, Salz und Pfeffer abschmecken. Das Baguette aufschneiden und die Spinat-Käse-Masse auf den Baguettehälften verteilen.

2 Das Baguette auf den Rost in den indirekten Bereich setzen und 20 Minuten bei geschlossenem Deckel gratinieren.

BÜFFELMOZZARELLA-PIZZA

2–4

40 MIN.
(zzgl. Zeit zum Gehen)

MITTEL

7 MIN.

INDIREKT
(bei 180–220 °C)

GESCHLOSSENER DECKEL

FÜR DEN TEIG
30 g frische Hefe
½ Tl Zucker
400 g Weizenmehl,
    Type 550
1 Tl Meersalz
2 El Olivenöl

FÜR DEN BELAG
400 g Büffelmozzarella
2 Handvoll kleine Salbeiblätter
Meersalz
Pfeffer
Olivenöl zum Beträufeln

AUSSERDEM
Mehl für die Arbeitsfläche
    und zum Bestäuben
1 Pizzastein
Grieß für das Holzbrett

1 Für den Teig die zerbröckelte Hefe und Zucker in eine kleine Schüssel geben und mit 200 ml warmem Wasser gut verrühren. 10 Minuten ruhen lassen, bis die Hefe schäumt.

2 Mehl und Salz in eine große Schüssel sieben. Hefemischung und Olivenöl hineingießen und die Zutaten erst mit einem breiten Messer, dann mit den Händen mischen, bis ein Teig entsteht.

3 Den Teig auf eine bemehlte Arbeitsfläche legen und ca. 6 Minuten geschmeidig kneten. Aus dem Teig eine Kugel formen, in eine geölte Schüssel legen, mit einem Küchenhandtuch abdecken und an einem warmen Ort ca. 40 Minuten gehen lassen.

4 Den Teig auf der Arbeitsfläche noch einmal durchkneten. Wieder eine Kugel aus dem Teig formen, abdecken und weitere 30 Minuten gehen lassen.

5 Für den Belag den Mozzarella in Scheiben schneiden. Salbeiblätter waschen und trocken tupfen. Den Pizzastein in den Grill legen und bei geschlossenem Deckel stark erhitzen.

6 Den Teig aus der Schüssel nehmen und die Hälfte des Teiges auf einer bemehlten Arbeitsplatte rund ausrollen. Mit der Hälfte des Mozzarellas belegen, die Hälfte des Salbeis darüberstreuen und mit Salz und Pfeffer würzen. Die Pizza mit etwas Olivenöl beträufeln und von einem mit Grieß bestreuten Holzbrett auf den Pizzastein gleiten lassen.

7 Bei geschlossenem Deckel 5–7 Minuten indirekt grillen bzw. backen, bis der Teig unten gebräunt und der Käse geschmolzen ist. Mit den restlichen Zutaten genauso verfahren.

HÜLSENFRÜCHTESALAT MIT SENFDRESSING

6

30 MIN.
(zzgl. Einweich-,
Koch- und Ziehzeit)

LEICHT

**FÜR DIE HÜLSEN-
FRÜCHTE**
200 getrocknete Kichererbsen
300 g getrocknete Teller-
    linsen
1 Gemüsezwiebel
2 Möhren
200 g Knollensellerie
400 g Lauch

FÜR DAS DRESSING
3 El Mayonnaise (Seite 192)
3 El milder Senf
60 ml Rapsöl
1 Prise Zucker
Salz
Pfeffer
½ Tl gemahlener Kreuz-
    kümmel
2 El Weißweinessig
1 Bund Dill

1 Die Kichererbsen über Nacht in kaltem Wasser einweichen. Am nächsten Tag abgießen, in ungesalzenem Wasser zum Kochen bringen und ca. 20 Minuten garen. Dann die Tellerlinsen zugeben und das Ganze weitere 45 Minuten köcheln. Die Hülsenfrüchte sollten gar sein, aber noch Biss haben.

2 Inzwischen Gemüsezwiebel, Möhren und Sellerie schälen. Lauch putzen, waschen und trocknen. Die Gemüsezwiebel, Möhren und Sellerie in feine Würfel schneiden. Den Lauch in dünne Ringe schneiden. Das Gemüse etwa 10 Minuten vor Ende der Garzeit zu den Hülsenfrüchten geben und kurz mitkochen lassen.

3 Alles in ein Sieb gießen und die Kochflüssigkeit auffangen. Das Linsen-Kichererbsen-Gemüse mit kaltem Wasser abschrecken, abtropfen und erkalten lassen.

4 Für das Dressing die Mayonnaise mit Senf verrühren. Das Öl nach und nach unterschlagen. 60 Milliliter von der aufgefangenen Brühe unterrühren und das Dressing mit Zucker, Salz, Pfeffer, Kreuzkümmel und Essig abschmecken.

5 Den Dill waschen, trocken schütteln, die Spitzen abziehen und fein hacken. Dill zu den Hülsenfrüchten geben und das Dressing dazugießen. Die Zutaten vorsichtig miteinander mischen und 1 Stunde im Kühlschrank durchziehen lassen.

COUSCOUSSALAT MIT CHILI-DRESSING

FÜR DEN SALAT
200 g Couscous
2 Knoblauchzehen
2 Zwiebeln
je 1 rote, grüne und
   gelbe Paprikaschote
1 Salatgurke
4 Tomaten
250 g Champignons
1 Bund Dill

FÜR DAS DRESSING
Saft von 1 Zitrone
3 El Rapsöl
Salz
Pfeffer
½ Tl gemahlenes Chilipulver
1 El Schnittlauchröllchen

1 Den Couscous nach Packungsanleitung zubereiten und erkalten lassen. Während des Abkühlens hin und wieder mit einer Gabel auflockern.

2 Knoblauch und Zwiebeln schälen, den Knoblauch durch eine Presse drücken, die Zwiebeln fein hacken. Die Paprikaschoten halbieren, putzen, waschen, trocknen und in kleine Würfel schneiden. Die Salatgurke gründlich waschen, trocken tupfen und die Enden abschneiden. Die Gurke längs halbieren, entkernen und in feine Scheiben schneiden.

3 Die Tomaten kreuzweise einritzen, kurz in kochendes Wasser legen, herausnehmen und kalt abschrecken. Anschließend die Haut abziehen und die Stielansätze entfernen. Die Tomaten entkernen, das Fruchtfleisch in kleine Stücke schneiden. Champignons putzen, feucht abreiben und je nach Größe halbieren und vierteln. Dill waschen, trocken schütteln, die Spitzen von den Stielen zupfen und fein hacken.

4 Den abgekühlten Couscous mit Knoblauch, Zwiebeln, Paprika, Gurke, Tomaten, Champignons und Dill in einer Salatschüssel gut vermengen.

5 Für die Sauce Zitronensaft und Öl verrühren, mit Salz, Pfeffer und Chilipulver mischen. Schnittlauch unterrühren, die Sauce mit den Salatzutaten vermengen und 1 Stunde durchziehen lassen.

4

40 MIN.
(zzgl. Zeit zum Ziehen)

ıı▯▯▯▯
LEICHT

ZITRONENKARTOFFELN MIT KRÄUTERN

ZUTATEN
750 g festkochende Kartoffeln
Salz
2 Zitronen
4 Knoblauchzehen
1 El Weißweinessig
4 El Gemüsefond
6 El Olivenöl
Pfeffer
½ Bund glatte Petersilie
½ Bund Minze

1 Die Kartoffeln waschen und in Salzwasser zugedeckt ca. 20 Minuten gar kochen. Abgießen, ausdampfen und etwas abkühlen lassen, dann die Kartoffeln pellen. Die Kartoffeln noch lauwarm längs halbieren und in fingerdicke Scheiben schneiden.

2 Die Zitronen auspressen. Den Knoblauch schälen und fein würfeln. Zitronensaft, Knoblauch, Essig und Gemüsefond verrühren. Das Öl unterrühren und alles mit Salz und Pfeffer abschmecken. Die Sauce über die Kartoffeln gießen und vorsichtig vermischen.

3 Petersilie und Minze waschen und trocken schütteln. Die Blättchen abzupfen und hacken. Zu den Kartoffeln geben, unterrühren und den Salat sofort servieren.

4

40 MIN.
(zzgl. Garzeit)

LEICHT

NUDELSALAT MIT PESTO

4

30 MIN.
(zzgl. Garzeit)

LEICHT

FÜR DEN SALAT

400 g Spiralnudeln
Salz
1 rote Paprikaschote
100 g Kirschtomaten
1 kleine Zwiebel
1 Knoblauchzehe
2 El Rapsöl
1 El gemahlene Mandeln
150 g Mozzarella

FÜR DAS PESTO

1 Bund Rucola (ca. 100 g)
6 El Olivenöl
2 El Zitronensaft
Salz
Pfeffer
1 El abgeriebene unbehan-
delte Zitronenschale

1 Die Spiralnudeln nach Packungsanleitung in aus-reichend kochendem Salzwasser bissfest garen, in ein Sieb abgießen und ca. 1 Tasse von der Kochflüssigkeit aufbewahren. Die Nudeln abschrecken und abtropfen lassen.

2 Die Paprikaschote halbieren, putzen und waschen. Paprika in kleine Würfel schneiden. Die Tomaten waschen, trocken tupfen und je nach Größe halbieren oder vierteln. Zwiebel und Knoblauch schälen und fein würfeln.

3 Das Rapsöl in einer Pfanne erhitzen und Paprika, Zwiebel und Knoblauch darin einige Minuten an-dünsten. Die gemahlenen Mandeln dazugeben und ca. 2 Minuten mitbraten. Zum Schluss die Tomaten dazugeben und die Pfanne vom Herd nehmen. Die Mischung abkühlen lassen.

4 Nudeln und Gemüse-Mischung vorsichtig in einer Salatschüssel mischen.

5 Für das Pesto Rucola gründlich putzen, waschen und trocken schütteln. Zwei Drittel davon grob zer-schneiden und mit dem aufbewahrten Nudelwasser, Olivenöl und Zitronensaft in ein hohes Gefäß geben. Fein pürieren, kräftig salzen und pfeffern, Zitronen-schale unterheben und alles unter die Nudeln mischen.

PAPRIKASALAT MIT OLIVEN-GRISSINI

4

40 MIN.
(zzgl. Zeit zum Ziehen)

LEICHT

FÜR DEN SALAT
je 2 rote, grüne und gelbe
    Paprikaschoten
6 El Olivenöl
3 Knoblauchzehen
2 El gehackte Oregano-
    blätter
150 g Schafskäse
Saft von 1 Limette
Salz
Pfeffer

FÜR DIE GRISSINI
150 g TK-Blätterteig
50 g grüne Oliven,
    ohne Stein
1 Eigelb
1 El gehackte Walnusskerne

AUSSERDEM
Mehl für die Arbeitsplatte

1 Die Paprikaschoten halbieren, putzen, waschen und trocken tupfen. Paprika in mundgerechte Stücke schneiden. Das Olivenöl portionsweise in einer Pfanne erhitzen und die Paprika bei mittlerer Hitze darin nach und nach anbraten. Herausnehmen und sofort in eine Servierschüssel geben.

2 Die Knoblauchzehen schälen und in sehr dünne Scheiben schneiden. Anschließend im verbliebenen Öl anbraten und mit dem Oregano zu den Paprikastücken geben. Schafskäse in kleine Würfel schneiden und ebenfalls dazugeben.

3 Den Salat mit Limettensaft beträufeln und mit Salz und Pfeffer würzen. 1 Stunde im Kühlschrank durchziehen lassen.

4 Für die Grissini den Blätterteig antauen lassen, anschließend auf einer mit Mehl bestäubten Arbeitsfläche zu einem dünnen Rechteck ausrollen. Die Oliven sehr fein hacken. Den Backofen auf 180 °C vorheizen.

5 Das Eigelb verquirlen und den Teig damit bestreichen. Den Teig zur Hälfte mit Oliven und Walnüssen bestreuen, dann die andere Teighälfte darüberschlagen. Die beiden Lagen fest zusammendrücken und mit dem restlichen Eigelb bestreichen. Die Teigplatte in 20 etwa 1 cm breite Streifen schneiden. Die Grissini auf einen mit Alufolie belegten Grillrost legen und ca. 10 Minuten knusprig braun backen.

DIPS UND SAUCEN

CHIMICHURRI

Für ca. 250 ml / **ZUBEREITUNGSZEIT:** ca. 15 Min. (zzgl. Zeit zum Ziehen)

4 getrocknete Chilischoten
6 Knoblauchzehen
1 große Zwiebel
2 Bund glatte Petersilie
1 TI Meersalz
30 ml milder Weißweinessig
100 ml Olivenöl

Die Chilischoten in einem Mörser zerstoßen. Knoblauch und Zwiebel schälen und fein hacken. Die Petersilie waschen, trocken schütteln, die Blätter von den Stielen zupfen und ebenfalls hacken. Alles zusammen mit dem Salz in eine Schüssel geben. Den Essig mit 3 El Wasser aufkochen und sofort über die gehackten Zutaten geben. Unter ständigem Rühren das Öl einlaufen lassen. Die Sauce in ein Schraubglas geben, fest verschließen und 1–2 Tage im Kühlschrank ziehen lassen.

Die scharfe Chimichurri stammt ursprünglich aus Argentinien und passt zu vielen Grillgerichten.

SALSA VERDE

Für 250 ml / **ZUBEREITUNGSZEIT:** ca. 15 Min.

2 Knoblauchzehen
1 El Kapern
1 rote Zwiebel
½ Bund gehackte glatte Petersilie
½ Bund Basilikum
150 ml extra natives Olivenöl
½ El Rotweinessig
1 TI Senf
1 El Zitronensaft
Salz
Pfeffer

Den Knoblauch schälen und fein hacken. Die Kapern abtropfen lassen und ebenfalls fein hacken. Zwiebel schälen und in sehr feine Würfel schneiden. Knoblauch, Kapern und Zwiebel in eine kleine Schüssel geben. Petersilie und Basilikum waschen, trocken schütteln, die Blättchen abzupfen und sehr fein hacken. Zu der Knoblauchmischung geben und alles mit Olivenöl, Rotweinessig, Senf, Zitronensaft, Salz und Pfeffer würzen.

Nach Belieben kann die Sauce auch durch ein klein gehacktes Sardellenfilet oder eine halbe, fein gehackte rote Chilischote ergänzt werden. Die Kräuter können ebenfalls variieren. So kann man auch Petersilie pur verwenden, Minze oder Oregano beimischen oder aber Schnittlauchröllchen verwenden. Die Salsa verde schmeckt zu gegrilltem Gemüse, aber auch zu gegrilltem Fleisch und Fisch.

BARBECUE-SAUCE

600 ml

30 MIN.
(zzgl. Kochzeit und
Zeit zum Ziehen)

MITTEL

1 geräucherte Chipotle-
  Chilischote
75 ml Apfelessig
750 g Strauchtomaten
1 Gemüsezwiebel
2 Knoblauchzehen
50 g Rohrzucker
1 El flüssiger Honig
1 Tl scharfer Senf
1 gestr. Tl Salz
1 gestr. Tl schwarzer Pfeffer
1 Tl gemahlenes Chilipulver
1 Prise Kreuzkümmel

Die Chipotle-Chilischote in eine kleine Schüssel legen und mit dem Apfelessig übergießen. Zugedeckt bei Zimmertemperatur 1 Tag ziehen lassen, bis die Schote richtig prall ist. Die Tomaten kreuzweise einritzen, mit kochendem Wasser überbrühen und häuten. Die Stielansätze entfernen und das Fruchtfleisch grob würfeln. Gemüsezwiebel und Knoblauchzehen schälen und klein schneiden. Die Chilischote aus dem Essig nehmen und grob hacken. Tomaten, Zwiebel, Knoblauch, Chili und verbliebenen Essig in einen Topf geben und aufkochen lassen. Zucker, Honig, Senf, Salz, Pfeffer, Chilipulver und Kreuzkümmel einrühren und die Sauce unter Rühren ca. 30 Minuten köcheln lassen. Anschließend die Sauce durch ein feines Sieb in einen sauberen Topf passieren und auf die gewünschte Konsistenz einkochen. Die heiße Barbecue-Sauce entweder abgekühlt servieren oder kochend heiß in sterile Gläser füllen und im Kühlschrank aufbewahren. Sie hält sich auf diese Weise mehrere Wochen.

MINZ-JOGHURT-SAUCE

2 Knoblauchzehen
250 g Vollmilchjoghurt
2 El Olivenöl
1 Tl Zitronensaft
½ Tl gemahlener Kreuzkümmel
1 Prise gemahlener Ingwer
Salz, Pfeffer
½ Bund Minze
einige Minzeblättchen

Den Knoblauch schälen und sehr fein hacken. Joghurt mit Öl, Zitronensaft, Kreuzkümmel, Ingwer und Knoblauch verrühren. Mit Salz und Pfeffer abschmecken. Die Minze waschen, trocken schütteln und die Blättchen fein hacken. Unter die Sauce rühren und diese mit einigen Minzeblättern garniert servieren. Die Sauce schmeckt besonders gut zu mediterran Gegrilltem.

250 ml

10 MIN.

LEICHT

MAYONNAISE

4

10 MIN.

LEICHT

1 Eigelb
1 El Zitronensaft
1 El Senf
1 Prise Salz
1 Prise frisch gemahlener
   Pfeffer
1 Prise Zucker
125 ml neutrales Öl
weitere Zutaten nach
   Belieben

Alle Zutaten bis auf das Öl in einer Schüssel verrühren. Das Öl zunächst tropfenweise, dann in feinem Strahl zugeben und dabei ständig rühren, bis die Mayonnaise eine gleichmäßige, fein-cremige Konsistenz hat.

TIPP

Diese Basis-Mayonnaise können Sie nach Belieben mit Gewürzen, gehackten Kräutern, gemahlenen Kräutern, Ketchup, gehacktem Ei, Zitronenabrieb und -saft und vielem mehr variieren.

SCHAFSKÄSE-DIP

200 g Schafskäse
100 g Hüttenkäse oder
    Magerquark
150 g Sahne
50 g in Öl eingelegte,
    getrocknete Tomaten
2 Knoblauchzehen
1 El gehackte Basilikumblätter
Salz
Pfeffer
1 Prise Chilipulver
40 g gehackte Walnüsse

Den Schafskäse in eine Schüssel bröckeln, Hüttenkäse oder Magerquark und Sahne dazugeben und das Ganze zu einer cremigen Mischung verrühren. Die Tomaten abtropfen lassen und klein schneiden. Den Knoblauch schälen und durch eine Knoblauchpresse zur Schafskäsemischung geben. Tomaten und Basilikum zugeben und die Zutaten gut miteinander verrühren. Mit Salz, Pfeffer und Chilipulver abschmecken. Zum Schluss die gehackten Walnüsse unterrühren.

Der Dip passt sehr gut zu gegrilltem Schweine- und Geflügelfleisch.

4

15 MIN.

LEICHT

ZITRONEN-BÉARNAISE

400 ml

20 MIN.

MITTEL

4 Eigelb
3 El Zitronensaft
Saft von 1 Zitrone
1 Tl abgeriebene Zitronenschale
1 El Estragonsenf
1 Tl Zucker
300 g Butter
1 El fein gehackter Kerbel
Salz
Pfeffer

Die Eigelbe mit Zitronensaft, Zitronenschale, Senf und Zucker in eine Metallschüssel geben. Butter in einem Topf zerlassen und einmal kurz aufwallen lassen. Die warme Butter sehr langsam in die Eigelbmasse träufeln und dabei ständig mit dem Pürierstab untermixen. Es soll eine glatte, kompakte Masse entstehen. Kerbel unterrühren und die Zitronen-Béarnaise mit Salz und Pfeffer abschmecken.

LIMETTEN-CHILI-MAYONNAISE

2 Knoblauchzehen
250 ml Öl
1 sehr frisches Ei
2 Tl Senf
Saft und Schale von
   ½ unbehandelten Limette
½ El Chiliflocken
Salz
Pfeffer

Knoblauchzehen schälen und sehr fein hacken. Öl und Knoblauch in einen hohen Mixbecher geben. Die restlichen Zutaten hinzugeben. Alles kräftig mit dem Mixstab verquirlen, bis eine Mayonnaise von cremiger Konsistenz entsteht.

350 ml

10 MIN.

LEICHT

MOJITO-SALSA

500 ml

20 MIN.

MITTEL

1 rote Chilischote
½ gelbe Paprika
½ grüne Paprika
4 Knoblauchzehen
2 Schalotten
1 reife Fleischtomate
1 El Kapern
3 El brauner Rum
4 El Tomatenmark
3 El Olivenöl
3 El Limettensaft
½ Bund Koriander
1 El fein geschnittener
   Oregano
Fleur de Sel
Pfeffer

Chili vom Stiel befreien und fein hacken. Paprika entkernen und in feine Würfel schneiden. Knoblauchzehen schälen und sehr fein hacken. Schalotten schälen und fein würfeln. Tomate grob in Würfel schneiden.

Chiliwürfel, fein gehackten Knoblauch, Schalotten- und Tomatenwürfel sowie die Kapern mit dem Rum im Mixer oder mit dem Pürierstab fein mixen. Tomatenmark, Olivenöl und Limettensaft zugeben. Alles kräftig durchmixen.

Korianderblätter von den Stielen zupfen und fein hacken. Koriander, Oregano und Paprikawürfel unter die Salsa mengen. Mit Fleur de Sel und Pfeffer abschmecken.

TSATSIKI

1 Salatgurke
6 Knoblauchzehen
1 Bund Schnittlauch
500 g Joghurt
½ El frisch gehackter Dill
2 Tl Salz
schwarzer Pfeffer

Die Gurke schälen, längs halbieren, entkernen und fein reiben. Mit den Händen die Flüssigkeit auspressen dann die Gurkenmasse in eine Schüssel geben. Den Knoblauch schälen, fein hacken und dazugeben.

Den Schnittlauch waschen, trocknen und in feine Ringe schneiden. Mit dem Joghurt und dem Dill in die Schüssel geben. Alles gut verrühren und mit Salz und Pfeffer würzen.

600 ml

15 MIN.

LEICHT

COCKTAILS
UND
MOCKTAILS

LONG ISLAND ICE TEA

2 cl weißer Tequila	3 El Limettensaft
2 cl Wodka	3 El Zuckersirup
2 cl weißer Rum	Eiswürfel
2 cl Triple Sec Curacao	Cola
2 cl Gin	1 Stück Limette

Tequila, Wodka, Rum, Triple Sec, Gin, Limettensaft und Zuckersirup mit ein paar Eiswürfeln kräftig im Shaker schütteln.

Einige Eiswürfel in ein Longdrinkglas geben, den Cocktail aus dem Shaker in das Glas abseihen, mit Cola auffüllen und mit der Limettenscheibe garnieren.

DAIQUIRI

5 cl weißer Rum	Eiswürfel
3 cl Zitronensaft	1 Zitronenscheibe
2 cl Zuckersirup	

Rum, Zitronensaft und Zuckersirup im Shaker mit viel Eis kräftig mixen und in ein Cocktailglas abseihen. Die Zitronenscheibe hineingeben und servieren.

GIN AND SIN

5 cl Gin	1 Barlöffel Orangensaft
1 Spritzer Grenadinesirup	3 Eiswürfel
1 Barlöffel Zitronensaft	

Gin, Grenadinesirup sowie Zitronen- und Orangensaft in einen Shaker geben. Die Eiswürfel hinzufügen, kräftig schütteln und in einen kleinen Tumbler abseihen.

TOM COLLINS

5 cl Gin
3 cl Zitronensaft
2 Barlöffel Läuterzucker
2 Eiswürfel
Sodawasser

1 Cocktailkirsche
2 Orangenscheiben zum
Dekorieren

Gin, Zitronensaft und Läuterzucker in einem Rührglas gut
verrühren. Die Eiswürfel in ein Longdrinkglas geben, den
Cocktail daraufgießen und mit Soda auffüllen. Mit der Cocktailkirsche, den Orangenscheiben und einem Trinkhalm
dekorieren.

OLD FASHIONED

4 cl Bourbon
1 Tl Zuckersirup
4 Spritzer Angostura
1 Spritzer Zitronensaft

5 Eiswürfel
1 Orangenspalte

Alle Zutaten auf Eis in einen Tumbler geben und umrühren.
Mit der Orangenspalte servieren.

TNT

Eiswürfel
4 cl Scotch Whisky
2 cl Anisette

Sodawasser oder Wasser
(nach Belieben)

Zwei Eiswürfel in einen Tumbler füllen. Whisky und Anisette
zufügen und umrühren. Den Cocktail nach Belieben mit Soda
oder Wasser auffüllen.

ABSINTH-KAMIKAZE

1 cl Bourbon Whiskey	1 cl Tequila
1 cl Cointreau	1 cl Wodka
1 cl Dry Gin	1 cl Grenadine
1 cl brauner Rum	1 cl Absinth

Alle Zutaten außer Absinth in ein Rührglas füllen und kräftig rühren. Die Mischung in ein vorgekühltes kleines Glas abseihen.

Den Absinth über einen Löffelrücken am Glasrand hineinlaufen lassen. Flambieren und warten, bis die Flammen erloschen sind. Den Cocktail sofort servieren.

MISSISSIPPI PUNCH

2 cl Southern Comfort	6 cl Sodawasser
2 cl Whisky	Eiswürfel
2 cl Brandy	1 Zitronenscheibe
2 cl Zitronensaft	1 Cocktailkirsche
2 cl Zuckersirup	

Alle flüssigen Zutaten außer Sodawasser mit einigen Eiswürfeln in den Shaker geben und kräftig schütteln. Die Mischung in ein Longdrinkglas abseihen, mit Sodawasser auffüllen, mit der Zitronenscheibe und der Maraschinokirsche garnieren und sofort servieren.

RUSTY NAIL

5 cl Scotch Whisky	1 Zitronenschalenspirale
2,5 cl Drambuie	

Reichlich Eiswürfel, Whisky und Drambuie in ein Rührglas füllen und kräftig rühren.

Die Mischung in einen vorgekühlten Tumbler abseihen. Den Cocktail mit der Zitronenschalenspirale garnieren und sofort servieren.

ORANGE & LIME FIZZ

4 cl eisgekühlter, frisch
gepresster Orangensaft
etwas frisch gepresster
Limettensaft
Puderzucker

einige Tropfen Angostura
4–6 cl gekühltes kohlen-
säurehaltiges Mineral-
wasser

Den Rand eines Glases mit Orangen- oder Limettensaft befeuchten und in den Puderzucker tauchen. Angostura mit den
Säften vermischen und in das Glas füllen. Mit Mineralwasser
auffüllen und sofort servieren.

VIRGIN MOJITO

1 Stängel Minze
Saft von 1 Limette
1½ TL Limettensirup
1½ TL Rohrohrzucker

5 Eiswürfel
150 Milliliter Ginger Ale,
Tonic Water oder gemischt

Minze von den Stängeln zupfen und mit dem Limettensaft in
ein Glas geben. Limettensirup und Zucker dazugeben und
verrühren. Eis dazugeben und mit Ginger Ale oder Tonic Water
auffüllen. Sofort servieren.

VIRGIN MARY

100 ml Tomatensaft
1 cl Zitronensaft
Salz
Pfeffer

Worcestersauce
Tabasco
2–3 Eiswürfel
1 Stück Staudensellerie

Tomatensaft mit Zitronensaft und Gewürzen abschmecken
und gut verrühren. Die Eiswürfel in einen Tumbler geben und
die Virgin Mary darübergießen. Mit Sellerie dekorieren.

PROHIBITION PUNCH

150 ml Apfelsaft	gestoßene Eiswürfel
6 cl Zitronensaft	Ginger Ale
2 cl Zuckersirup	1 Orangenscheiben

Apfelsaft, Zitronensaft, Zuckersirup und reichlich gestoßene Eiswürfel in ein kaltes Glas geben. Ginger Ale darübergießen und kurz umrühren. Mit einer Orangenscheibe garniert servieren.

SHIRLEY TEMPLE

gestoßene Eiswürfel	Ginger Ale
4 cl Zitronensaft	1 Orangenscheibe zum
1 cl Grenadine	Garnieren
1 cl Zuckersirup	

Einige Eiswürfel, Zitronensaft, Grenadine und Zuckersirup in einen Shaker geben und kräftig schütteln, bis der Shaker beschlägt. Glas zur Hälfte mit gestoßenen Eiswürfeln füllen, darüber den Cocktail abseihen. Mit Ginger Ale auffüllen und mit einer Orangenscheibe garniert servieren.

PARSON'S PARTICULAR

4 cl frisch gepresster Orangensaft	4 Spritzer Grenadine Eiswürfel
2 cl frisch gepresster Zitronensaft	1 Cocktailkirsche zum Garnieren
1 Eigelb	

Alle Zutaten (bis auf die Cocktailkirsche) mit Eis in einem Shaker kräftig schütteln und in ein Longdrinkglas abseihen. Mit der Kirsche garnieren und sofort servieren.

ITALIAN SODA

gestoßene Eiswürfel
3 cl Haselnusssirup
kohlensäurehaltiges
Mineralwasser

1 Limettenscheibe
zum Garnieren (nach
Geschmack)

Ein Glas mit gestoßenen Eiswürfeln füllen. Haselnusssirup darübergießen und mit Mineralwasser auffüllen, umrühren. Nach Geschmack mit einer Limettenscheibe garniert servieren.

ORANGE & LIME ICED TEA

60 ml Orangensaft
2 El Limettensaft
1 El Zucker
150 ml frisch aufgebrühter,
gekühlter schwarzer Tee

1 Limettenviertel
4 Eiswürfel
1 Orangenscheiben zum
Garnieren

Orangen- und Limettensaft, 1 Esslöffel Zucker und den Tee gut verrühren. Die Ränder von zwei Gläsern mit dem Limettenviertel befeuchten und in den restlichen Zucker tauchen. Eiswürfel in ein Glas geben und den Eistee darauf verteilen. Mit den Orangenscheiben garnieren und sofort servieren.

ARNOLD PALMER

Eiswürfel
6 cl Zitronenlimonade

6 cl Eistee

Longdrinkglas zur Hälfte mit Eiswürfeln füllen. Zitronenlimonade daübergießen und den Eistee langsam einfüllen – er soll sich nicht vermischen. Sofort mit einem Strohhalm servieren.

Das ultimative

MÄNNER
GRILLBUCH